Duden

W0058619

Heike Wiese
Rosemarie Tracy
Anke Sennema

DEUTSCH-
PFLICHT
AUF DEM
SCHULHOF?

Warum wir Mehrsprachigkeit
brauchen

Dudenverlag
Berlin

Bibliografische Information der Deutschen Nationalbibliothek
Die Deutsche Nationalbibliothek verzeichnet diese Publikation in der
Deutschen Nationalbibliografie; detaillierte bibliografische Daten sind
im Internet über http://dnb.dnb.de abrufbar.

© Duden 2020   D C B A

Bibliographisches Institut GmbH,
Mecklenburgische Straße 53, 14197 Berlin

Redaktion Dr. Kathrin Kunkel-Razum

Herstellung Alfred Trinnes
Layout und Satz Dirk Brauns, estra.de, Berlin
Umschlaggestaltung Schimmelpenninck.Gestaltung, Berlin
Druck und Bindung CPI books GmbH,
Birkenstraße 10, 25917 Leck
Printed in Germany

ISBN 978-3-411-74512-8
Auch als E-Book erhältlich unter: ISBN 978-3-411-91297-1
www.duden.de

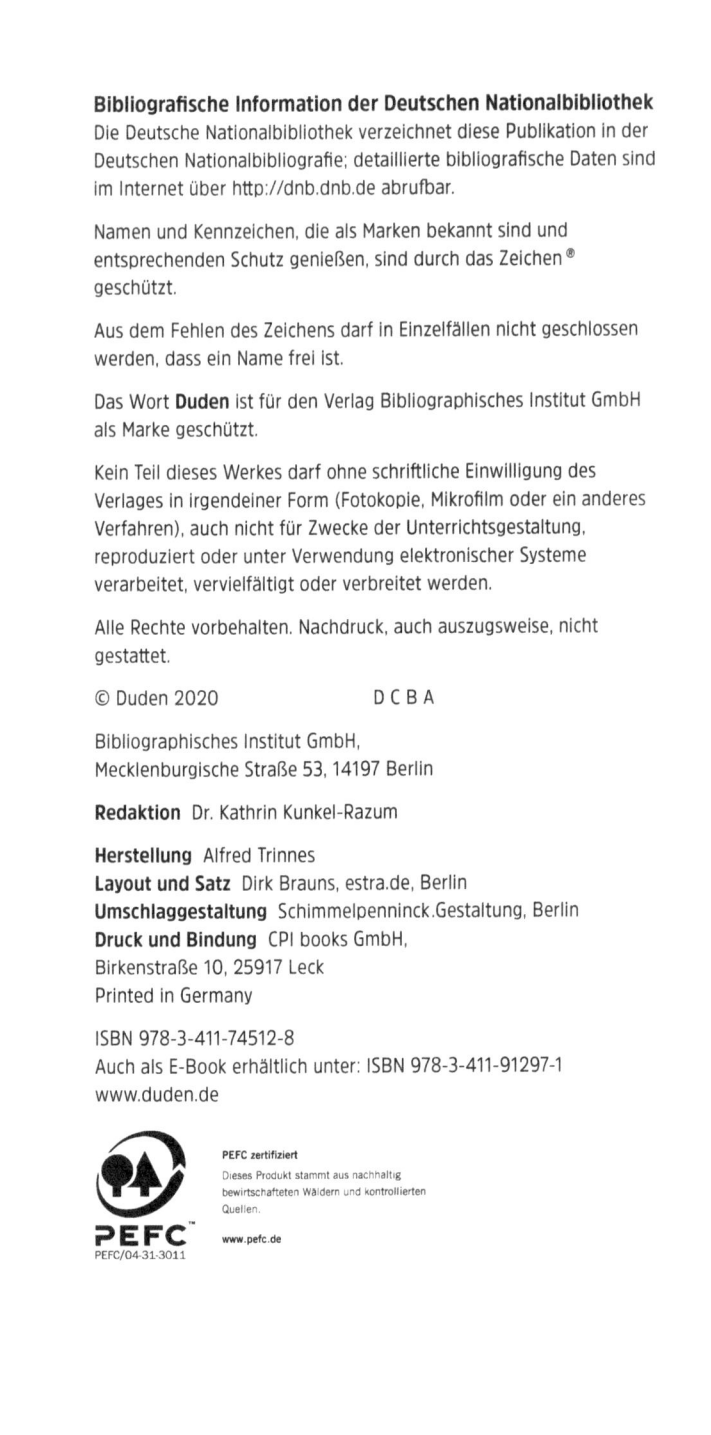

PEFC zertifiziert
Dieses Produkt stammt aus nachhaltig
bewirtschafteten Wäldern und kontrollierten
Quellen.

www.pefc.de

PEFC/04-31-3011

INHALTS-VERZEICHNIS

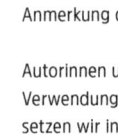

Anmerkung der Autorinnen und des Verlags

Autorinnen und Verlag engagieren sich für die geschlechtergerechte Verwendung von Sprache. Passend zur inklusiven Ausrichtung des Buches setzen wir in diesem Debattenbuch bei Personenbezeichnungen auch das Gendersternchen (*) ein. Es wird bereits in vielen Bereichen verwendet, um Menschen aller Geschlechter gleichberechtigt anzusprechen.

EINLEITUNG

Sprache bewegt uns. Im Kontext aktueller bildungspolitischer Debatten liegt darin einerseits eine
nicht zu unterschätzende Problematik, andererseits aber auch ein besonderes Potenzial. Um
beides, eine oft von Irrationalität geprägte Einstellung gegenüber der Rolle von Sprache in unserer
Lebenswelt und Ansätze für das Nachdenken
darüber, geht es in diesem Band.

Unsere Art zu sprechen verrät viel über uns,
macht uns transparent und daher verletzlich.

Wir geben anhand von Merkmalen, die wir kaum bewusst kontrollieren können, viel von uns preis: regionale und soziale Herkunft, Bildungshintergrund, momentane Stimmung, ablehnende oder positive Einstellungen gegenüber anderen, Hinweise auf unser Selbstbild. Durch unsere Wahl unterschiedlicher sprachlicher Mittel beeinflussen wir andere, begeistern sie, versetzen sie bewusst oder unbewusst in Aufregung, hetzen sie auf oder beruhigen sie, und natürlich verbreiten wir, absichtlich oder in Ermangelung besseren Wissens, auch Irrtümer und Unwahrheiten. Durch die Auf- und Abwertung sprachlicher Praktiken anderer üben diejenigen, die »das Sagen haben«, Macht aus, machen andere »mundtot« und (re-) produzieren Machtverhältnisse. Obwohl wir uns im Zuge des Erwerbs unserer Erstsprachen (und ja, davon können wir gleich mehrere haben, einschließlich dialektaler Varianten!) bemerkenswerte sprachliche Fähigkeiten aneignen, fällt es uns schwer zu erkennen, wie eng unsere Einstellung zu unserem eigenen sprachlichen Repertoire und zu dem anderer mit unseren Wertvorstellungen verknüpft ist und darüber entscheidet, wer zu »uns« gehört und wer nicht.

Sprache wird leicht zu einem Markenzeichen für ein ganzes Sammelsurium von Eigenschaften, die man Menschen zuschreibt, etwa nach Mottos wie »Wer sauber schreibt, denkt auch sauber« oder »Wer Latein kann, kann auch logisch denken« oder »Wer immer Hochdeutsch spricht, ist gebildet«. Dies lässt sich gut anhand raffinierter Experimente nachweisen, z. B. in sogenannten »Matched

Guise«-Studien. Zu diesem Zweck erstellt man Tonaufnahmen von Texten, die von unterschiedlichen Personen in verschiedenen Sprachen oder Dialekten vorgelesen werden, und lässt die Lesenden anschließend hinsichtlich bestimmter Merkmale beurteilen: Welche Person klingt intelligent, erfolgreich, liebenswürdig, ehrgeizig etc.? Da diejenigen, die ihre Einschätzungen abgeben, die Vorlesenden nicht sehen können, wissen sie nicht, dass unter den Aufnahmen auch solche sind, die von derselben Person stammen, also von Menschen, die den Text zweimal lesen, sowohl in Sprache/Dialekt A als auch in Sprache/Dialekt B. Aufschlussreich ist nun, wie unterschiedlich dieselben Sprecher*innen beurteilt werden, je nachdem, welches soziale Prestige die betreffenden Sprachen/Dialekte haben. Eine Sprecherin wird also beispielsweise für erfolgreich, intelligent, wohlhabend etc. gehalten, wenn sie Englisch spricht, nicht aber, wenn man sie in einer Sprache mit anderem Status hört. Dieses einfache Experiment sollte uns zu denken geben, denn es zeigt, wie anfällig wir dafür sind, Menschen aufgrund des »Marktwerts« ihrer Sprachen/Dialekte positiv oder negativ einzuschätzen.

Wie wir aus der aktuellen Bildungsforschung wissen, genügt oft schon ein Name oder ein vermuteter »Migrationshintergrund«, um ungeachtet gleicher Leistungen negative Prognosen (z. B. bei Schulempfehlungen) oder schlechtere Noten zu erhalten (vgl. Sprietsma 2009, Wilmes et al. 2011, Bonefeld & Dickhäuser 2018). Die tatsächlichen schulrelevanten Kompetenzen, selbst solche in sprachlichen Fächern, spielen auf einmal nur noch eine nachgeordnete Rolle, wenn sie vorgeprägten Erwartungen widersprechen und sich nicht zur Markierung einer erwarteten Grenze eignen. Wie der Gebrauch einer Sprache bewertet wird, hängt zentral davon ab, welches soziale Prestige Sprachen bzw. ihre Sprecher*innen für uns haben und wie verbunden wir uns ihnen fühlen. Dementsprechend halten wir auch den Wunsch, weitere Sprachen neben dem Deutschen als Familiensprachen zu pflegen, für lobenswert, vernachlässigbar oder sogar bedrohlich.

So zeigen wir uns beeindruckt, wenn an anderen Orten der Welt auch nach Jahrhunderten der Auswanderung noch Deutsch gesprochen wird. Besonders bekannt sind deutsche Sprachinseln in den USA, z. B. in Pennsylvania (vgl. dazu den Dokumentarfilm *Hiwwe wie Driwwe*) oder in Texas. Über Letztere wurde vor einigen Jahren auf Spiegel Online berichtet (Spiegel Online, 14.4.2008), basierend auf der Forschung des Sprachwissenschaftlers Hans Christian Boas. Das Texas-Deutsche wurde in dem Artikel als deutscher Dialekt beschrieben, der sich im mehrsprachigen Kontext entwickelte und daher auch viele deutsch-englische Mischformen aufweist (z. B. *Die haben, you know, Kälber geropet*, im Sinne von ›mit einem Seil eingefangen‹). Der Spiegel-Artikel wurde sehr positiv aufgenommen, und viele Leser*innen äußerten sich begeistert über diesen neuen Dialekt des Deutschen.

Vier Jahre später erschien dann auf Spiegel Online noch einmal ein Artikel über einen neuen deutschen Dialekt, der sich ebenfalls im Kontext von Mehrsprachigkeit, allerdings in Deutschland, entwickelt hat: Kiezdeutsch (Spiegel Online, 29.3.2012). In diesem Fall aber war die Reaktion bei Weitem nicht so positiv, und von vielen wurden die Kiezdeutsch-Sprecher*innen und ihre Sprachverwendung sogar vehement kritisiert. Analysiert man diese Reaktionen genauer, zeigt sich, dass es hierbei in erster Linie um ausgrenzende Einstellungen gegenüber den Sprecher*innen geht, die nicht als Teil einer deutschen »Wir«-Gesellschaft akzeptiert werden (Wiese 2018) – obwohl die Kiezdeutsch-Sprecher*innen, anders als die Texaner*innen, in Deutschland geboren und aufgewachsen sind! Bei der Einschätzung von Sprache, gerade (aber nicht nur) im Kontext von Mehrsprachigkeit, lassen wir uns also oft den Blick verstellen durch Stereotype oder Vorurteile gegenüber bestimmten Sprecher*innen oder sozialen Gruppen.

Das Thema des vorliegenden Bandes ist in vielerlei Hinsicht zeitlos. Die von uns angeschnittenen Phänomene und die sich daran entzündenden Kontroversen tauchen immer wieder auf: Mehrsprachigkeit als Risiko für das Individuum und für die Solidargemeinschaft, die Sorge um die Veränderung oder gar Bedrohung alteingesessener Sprachen (als ob sich diese nicht ohnehin kontinuierlich wandeln würden!). Zu den Dauerthemen gehört auch die in bildungspolitischen Debatten regelmäßig wiederkehrende Forderung nach der (Selbst)verpflichtung »Deutsch auf dem Schulhof« oder – auf einem Wahlplakat der österreichischen FPÖ – »Deutsch als Pausensprache«.

Solche Forderungen werden zum einen aufgestellt, weil dies angeblich den für die Schule wichtigen Deutscherwerb befördere. Das Deutsch, das Kinder und Jugendliche auf dem Schulhof verwenden, entspricht jedoch ohnehin nicht den formelleren sprachlichen Varietäten, die sie im Unterricht benötigen (vgl. das Interview mit der Erziehungswissenschaftlerin Ursula Neumann auf www.focus.de vom 18.2.2016). Zum anderen wird eine Deutschpflicht auf dem Schulhof oft damit begründet, dass man dann besser verstehen könne, was Schüler*innen über andere sagen, vor allem »über uns«. Auf dem erwähnten österreichischen Plakat wird Letzteres ganz explizit so formuliert: » … damit du auch verstehst, was über dich geredet wird«. Hier wird suggeriert, dass die Verwendung einer uns unbekannten Sprache etwas Bedrohliches und Verletzendes habe (vgl. dazu İnci Dirim, *Sprachverhältnisse in der Migrationsgesellschaft*, www.agij-sachsen.de). Aber wäre es denn wirklich in Ordnung und sozial verträglicher, despektierlich über andere zu reden, sofern dies nur auf Deutsch geschieht? Und würde man sich auch dagegen wenden, dass Schüler*innen auf dem Schulhof miteinander flüstern?

Im vorliegenden Band zeigen wir, dass man sich vor dem Miteinander von Sprachen in unserer Gesellschaft und auch in unseren Schulen nicht fürchten muss und dass die Wertschätzung und Nutzung vielerlei sprachlicher Ressourcen Lernprozesse unterstützen kann. Die Beschränkung auf Deutsch im Schulhof und darüber hinaus ist nicht nur nicht zielführend, sie ist überflüssig, diskriminierend und der Lernmotivation abträglich, unter anderem auch, weil sie den Sprachgebrauch vieler Familien und damit die vorhandenen Kompetenzen von Kindern als unerwünscht und unangemessen abwertet, im Unterschied zu den klassischen schulischen Fremdsprachen.

Die ältesten amerikanischen Sprecher*innen des Texas-Deutschen erinnern sich übrigens noch gut daran, dass in ihrer Schulzeit die noch bis Anfang des 20. Jahrhunderts gesellschaftlich akzeptierten deutschen Schulen in den USA verboten waren und dass Kinder für die Verwendung ihrer Familiensprache Deutsch bestraft wurden. Im »Spiegel« heißt es: »… im Pausenhof redeten wir manchmal heimlich Deutsch, aber wenn wir erwischt wurden, mussten wir Strafaufgaben machen und immer wieder schreiben: ›Ich darf kein Deutsch reden.‹« Wer dies – zu Recht! – für ungerecht und diskriminierend hält, sollte es ebenso bedauerlich finden, wenn in Deutschland Sprachen wie Türkisch oder Arabisch auf dem Schulhof unerwünscht sind oder als bedrohlich empfunden werden, weil man ihre Verwendung als Ausdruck unsolidarischer Abgrenzung von der Mehrheitsgesellschaft interpretiert und den Schüler*innen Heimlichtuerei, wenn nicht Bosheit unterstellt.

Vergleicht man unsere Empathie für das Texas-Deutsche in den fernen USA mit unseren Einstellungen gegenüber den mitten in Deutschland gesprochenen Sprachen, so sieht man, wie sehr wir mit zweierlei Maß messen. Diese Art von Doppelmoral beschränkt sich allerdings nicht nur auf Deutschland. So äußerte sich 1976 z. B. der damalige französische Bildungsminister René Haby vor dem französischen Senat kritisch zur Mehrsprachigkeit in Frankreich, befürwortete aber nur wenige Wochen später anlässlich eines Besuchs in Louisiana (USA) den Erhalt des Französischen als Minderheitensprache in den Vereinigten Staaten (vgl. Porsché 1983).

Es ist also ein trauriges Kuriosum unserer Zeit, dass sich Europa einerseits dreisprachige Bürgerinnen und Bürger wünscht (Europäische Kommission 2008) und kulturelle Diversität als gesellschaftlichen Gewinn und Wirtschaftsvorteil preist, während wir andererseits viele der bereits in unseren Schulen sehr lebendigen Sprachen für verzichtbar halten – eine Fehleinschätzung und erstaunliche Verschwendung von Ressourcen!

Bevor Sie als Leser*in nun allzu traurig ob dieser Situationsanalyse werden, sei betont, dass in den letzten Jahren allerdings auch ernsthafte Bemühungen um den Erhalt mehrsprachiger Repertoires zu verzeichnen sind und um die beste Art, allen Kindern und Jugendlichen den Erwerb bildungsrelevanter sprachlicher Kompetenzen zu ermöglichen. Um beide Seiten der Medaille, Hilflosigkeit und Anzeichen des Aufwinds in unserer Gesellschaft und in unseren Bildungseinrichtungen, wird es im Weiteren gehen.

IST EIN-SPRACHIGKEIT NORMAL?

In der öffentlichen Diskussion über Sprache, Bildung und das Für und Wider von Mehrsprachigkeit in Deutschland herrscht immer noch die Vorstellung, eigentlich wäre Einsprachigkeit der Normalfall, es gäbe einen natürlichen Zusammenhang wie »ein Land, eine Sprache« oder auch »ein Kopf, eine Sprache«, und jede Abweichung davon wäre problematisch. Vor diesem Hintergrund erscheint die sprachliche Vielfalt, die wir auch infolge von Globalisierung und Migration in

Deutschland beobachten, als schwierige gesellschaftliche Herausforderung und als ein Zustand, den man überwinden sollte. In Wirklichkeit verhält es sich jedoch umgekehrt: Mehrsprachigkeit und somit die Verfügbarkeit unterschiedlicher sprachlicher Ressourcen sind der Normalfall in menschlichen Gesellschaften, in früheren Epochen ebenso wie heute. Die vielsprachige Bandbreite, die wir heute in vielen Familien ebenso wie im öffentlichen Leben und an den Schulen bemerken, rückt lediglich die Normalität von Mehrsprachigkeit wieder stärker in unser Bewusstsein. Das Miteinander und die wechselseitige Beeinflussung unterschiedlicher sprachlicher Ressourcen ist etwas Normales, im einzelnen Kopf ebenso wie im Klassenzimmer und in unserer Lebenswelt schlechthin.

Variation und Wandel von Sprachen kennzeichnen menschliche Kulturen und sind Ausdruck der Dynamik und der Mobilität Einzelner und sozialer Gruppen. Menschliche Gesellschaften waren daher schon immer geprägt vom Miteinander und von der Integration verschiedener Sprechstile, Dialekte, Register und Sprachen: In diesem Sinn ist Kommunikation von Grund auf inklusiv, und der alltägliche Sprachgebrauch beinhaltet immer auch Sprachmischung und ein Hin- und Herwechseln zwischen verschiedenen sprachlichen Optionen.

Bereits das mittelalterliche Europa war mehrsprachig geprägt. In den Städten gehörte die Verwendung verschiedener Sprachen zum Alltag. Hier trafen nicht nur unterschiedliche lokale

Dialekte aufeinander, sondern die Menschen nutzten auch weitere Sprachen, die sie durch Zuwanderung oder Reisen erworben hatten. Studenten, Kaufmannssöhne und Handwerker verbrachten oft längere Zeit zur Ausbildung im Ausland und erweiterten auf diese Weise neben dem fachlichen auch ihr sprachliches Repertoire. Hinzu kamen Latein als eine Sprache der Bildung und der Religion in christlichen Gemeinden, Hebräisch und Aramäisch als Schriftsprachen und Jiddisch (eine germanische Sprache) als Umgangssprache in jüdischen Gemeinden.

Wer mehrere Sprachen im Alltag verwenden konnte, nutzte diese Kompetenzen auch kreativ für sprachliche Mischungen. Das galt insbesondere für Gebildete. So kombinierte beispielsweise Luther in seinen Tischreden regelmäßig Deutsch und Latein, etwa:

»Ideo mus er cum viperis et pharisaeis anderst reden«
(›Darum muss er mit Vipern und Pharisäern anders reden‹).

(Stolt 1964:521)

Solche Sprachmischungen lösten keine »Sprachpanscher«-Panik aus, sondern kennzeichneten, wie der Literaturhistoriker und Schriftsteller Walter Jens feststellte, »die mit schöner Selbstverständlichkeit gehandhabte gelehrte Umgangssprache des 16. Jahrhunderts« (Jens 1981:155; vgl. auch Keller 2020).

Diese kreative sprachliche Praxis wurde weiter gepflegt, und auch in späteren Epochen gehörte

Sprachmischung zum selbstverständlichen Repertoire insbesondere gebildeter Sprecher*innen. Im 17./18. Jahrhundert schrieb Lieselotte von der Pfalz Briefe, die unter anderem für ihre virtuose Verflechtung von Deutsch und Französisch bekannt wurden. Im 18./19. Jahrhundert nutzte der Bildungsreformer Freiherr vom Stein sein mehrsprachiges Repertoire ganz ähnlich. So berichtete er in einem Brief an seine Frau über die Diagnose eines Arztes zum Unwohlsein, den »incommodités«, ihrer Tochter Henriette:

»Il attribue ses incommodités einem im vorigen Jahr in Böhmen erlittenen und nicht gehörig abgewarteten Ausschlagfieber.«

(Riehl 2014:213)

Auch in offiziellen und daher in formellem Stil verfassten Texten wurden Sprachen gemischt. Interessante Beispiele kommen aus der Stadt Lemberg/Lwiw, die heute zur Ukraine gehört und in der Ukrainisch jetzt die dominante Majoritätssprache ist, die aber noch im 19. Jahrhundert als Teil des Habsburger Reiches von intensivem Sprachkontakt geprägt war. Deutsch als Amtssprache alternierte regelmäßig mit anderen Sprachen, darunter Polnisch, Latein, Hebräisch und Ukrainisch. Die Kombination verschiedener Sprachen fand sich nicht nur in Zeitungen, sondern auch in amtlichen Briefen und in den Vorlesungsverzeichnissen der Universität.

Gesellschaftliche Mehrsprachigkeit war also auch früher schon normal, und heute ist die

Mehrheit der Weltbevölkerung mehrsprachig. In Indien etwa werden über 400 Sprachen gesprochen, und wer sich für Bollywood-Filme interessiert, ist oft beeindruckt von der virtuosen Leichtigkeit, mit der gerade Gebildete zwischen Hindi, Englisch und – falls man dies bemerkt – oft noch mehreren anderen Sprachen hin- und herwechseln. Wenn hingegen in Deutschland Schüler*innen ebenso virtuos Deutsch z. B. mit Türkisch, Kurdisch und Englisch auf dem Schulhof kombinieren, beunruhigt das viele und löst Ängste vor dem Verfall des Deutschen und Sorgen um die »Halbsprachigkeit« der Sprecher*innen aus. In der Schule missverstehen Lehrer*innen Sprachmischung und Sprachwechsel leicht als Ausdruck mangelnder Kompetenzen im Deutschen, insbesondere wenn sie selbst in einer eher einsprachigen Umgebung aufgewachsen sind und wenig eigene Erfahrungen mit normalen mehrsprachigen Praktiken haben. Ein aus der Schweiz stammender Berliner Lehrer führte dazu aus (www.deutsch-ist-vielseitig.de):

»Meine Kollegen denken, wenn unsere Schüler beim Sprechen plötzlich die Sprache wechseln, liegt das an Vokabelproblemen. Ich mache das als Schweizerdeutscher auch und ich habe bestimmt keine Vokabelprobleme. Ich spreche mit meinen Kindern Schweizerdeutsch und wechsle dabei ständig ins Hochdeutsche – oft auch im selben Satz.«

Der Grund für eine negative Wahrnehmung normaler mehrsprachiger Gepflogenheiten ist ein weit verbreiteter »monolingualer Habitus« (Gogolin 1994): Wir tun so, als wäre Deutschland ein einsprachiges Land, auch wenn dies gar nicht der Realität entspricht und nie entsprochen hat. Wir verhalten uns in Schule, Politik und vielen öffentlichen Bereichen so, als wäre die Kommunikation auf Deutsch, und noch dazu spezifisch im standarddeutschen Register, die einzige Möglichkeit, die uns zur Verfügung stünde und zur Verständigung geeignet sei, auch wenn wir natürlich auf ein viel größeres Spektrum an Sprachen, Dialekten und Registern zugreifen können.

Der monolinguale Habitus ist ein historisch begründetes Kuriosum, das seine Wurzeln in der Entstehung der europäischen Nationalstaaten im 18./19. Jahrhundert hat. Für die Herausbildung dieser Staaten war die Idee der »Nation« zentral, und als ein verbindendes Merkmal einer Nation wurde oft eine einzige gemeinsame Sprache für unverzichtbar gehalten. Für Deutschland führte dies zu einem starken »ethnolinguistischen Nationalismus« (Durrell 2017), der eine Vorherrschaft des Standarddeutschen als wesentlichen Kern der Nation stützte, auch wenn diese Variante des Deutschen nur von einer kleinen bildungsbürgerlichen Schicht verwendet wurde. Der Germanist Martin Durrell (2017:30) spricht in diesem Zusammenhang von einer »Bildungselite […], der es im Laufe der Zeit gelingt, die Sprachgemeinschaft zu überzeugen, dass nur die von ihr präferierten Sprachformen Gültigkeit besitzen und dass andere konkurrierende Formen nicht korrekt bzw. einfach schlecht seien.«

Die Vorstellung, man müsste sich auf eine einzige sprachliche Varietät beschränken, um sich miteinander verständigen zu können, sich politisch loyal zu verhalten und als Teil einer Nation zu fühlen, hat in der Entwicklung des Deutschen zu einer merklichen sprachlichen Verdrängung geführt. Zum einen kam es zum Rückgang von Dialekten zugunsten des Standarddeutschen, das als sogenanntes »Hochdeutsch« zur Prestigesprache wurde; zum anderen wurden andere Sprachen und mehrsprachige Gepflogenheiten an den Rand gedrängt. Eine solche Einschränkung sprachlicher Optionen dient natürlich gerade nicht der Verständigung. Je enger wir sprachlich aufgestellt sind, auf desto weniger Ressourcen können wir zurückgreifen, desto weniger flexibel sind wir, und desto weniger kreativ können wir mit der sprachlichen Diversität umgehen, die unsere Lebenswelten prägt.

Die Bezeichnung »Hochdeutsch« für unsere Standardsprache rührt ursprünglich daher, dass das Standarddeutsche im hochdeutschen Dialektraum verwurzelt ist (eine wichtige Quelle war das Sächsische), im Gegensatz zu den niederdeutschen/plattdeutschen Dialekten. Ausgangspunkt war also eine geografische Dialektkonstellation, nicht etwa eine qualitativ begründbare Einordnung von Hochdeutsch als »gehobenes« Deutsch, das über den Dialekten steht. – Sächsisch, Bairisch, Schwäbisch und auch Kiezdeutsch sind ebenso hochdeutsche (nämlich nicht plattdeutsche) Varietäten wie das Standarddeutsche.

Dass das »hoch« in »Hochdeutsch« fälschlich oft (auf)wertend verstanden wird, liegt am sozialen Prestige des Standarddeutschen: Es wird von vielen nicht nur als Verkehrssprache (lingua franca) verstanden, sondern als einziges »richtiges« Deutsch. Sachlich entbehrt dies allerdings jeder Grundlage, denn Umgangssprachen und Dialekte außerhalb des Standarddeutschen sind ebenso komplex und grammatisch regelgeleitet. Gesellschaftlich ging diese Aufwertung allerdings damit einher, dass Nichtstandard-Varietäten in Deutschland abgewertet und immer weiter marginalisiert wurden. Da sich das Standarddeutsche eng am Sprachgebrauch der Mittelschicht orientiert, kommt es außerdem zu einer Privilegierung von Schüler*innen aus Mittelschichtsfamilien: Der Sprachgebrauch, den sie von zu Hause kennen, ist genau der, der in der Schule zählt.

In Deutschland und benachbarten Ländern, in denen Deutsch gesprochen wird (z. B. Norditalien, Österreich, Schweiz, Luxemburg), lassen sich mehrere große Dialektgruppen identifizieren, die ihrerseits in zahlreiche Untergruppen aufgesplittet werden können. Diese Dialekte zeichnen sich durch eine große sprachliche Vielfalt aus, und der Dialektgebrauch in einer Familie kann sich erheblich vom Standarddeutschen der Schule unterscheiden. Dies bedeutet, dass auch Kinder aus alteingesessenen Familien, die zu Hause »nur« Deutsch in einer seiner dialektal geprägten Varianten sprechen, mit dem Eintritt in die Schule im Grunde mehrsprachig werden, weil sie sich zusätzlich ein standardnahes Deutsch aneignen müssen, in dem sie lesen und schreiben lernen.

Als in Norddeutschland noch verbreitet Plattdeutsch gesprochen wurde, galt dies hier in besonderem Maße, denn das Plattdeutsche unterscheidet sich sehr stark vom Standarddeutschen (das ja eine hochdeutsche, nicht plattdeutsche Varietät ist); sprachlich ist es dem Niederländischen näher als den hochdeutschen Varietäten. Durch die Dominanz des Standarddeutschen wurden plattdeutsche Dialekte stark zurückgedrängt, und hierbei spielten auch Sprachverbote in der Schule eine Rolle. Dies wirkte sich dann ganz ähnlich wie bei den Deutschsprachigen in Texas aus. Auch in Deutschland erinnern sich ältere Sprecher*innen noch daran, dass sie in der Schule gerügt und sogar bestraft wurden, wenn sie Plattdeutsch sprachen. Heute bedauern wir dies zu Recht, denn wir haben hier durch eine enge Fokussierung auf Einsprachigkeit einiges an sprachlicher Vielfalt verloren. Mittlerweile gibt es zahlreiche Bemühungen, lokale Dialekte aufzuwerten und wieder zu beleben, unter anderem durch Fördermaßnahmen in Kindergärten (vgl. Bundesraat för Nedderdüütsch).

Auch innerhalb der hochdeutschen Dialekte gibt es eine große Bandbreite an Variation. Viele denken dabei vor allem an Unterschiede in Aussprache oder Wortschatz (z. B. *Teppich* für *Decke* im Schwäbischen), aber Dialekte unterscheiden sich auch in anderer Hinsicht stark voneinander. Während z. B. im Süden Deutschlands Eigennamen typischerweise mit einem bestimmten Artikel verwendet werden *(Der Max und der Moritz haben die Witwe Bolte ausgetrickst)*, wird dies im Norden als abweichend empfunden. In manchen Dialekten kann man im Nebensatz w-Pronomen mit

Konjunktionen kombinieren *(ich weiß, wen dass du gesehen hast)* oder die Verbflexion doppeln und an die Konjunktion andocken (z. B. Bairisch *dassts ihr den Kuchen gegessen habts)*.

Unterschiede finden sich auch in der Wahl des Genus *(das Butter, das Teller, das Tunnel* im Schwäbischen) und bei der Markierung von Numerus und Person am Verb (z. B. schwäb. *i han/hao, du hosch, der/die hot, mir/ihr hend, dui/selle hend)*. In Norddeutschland finden sich in den heute dort verbreiteten hochdeutschen Dialekten noch Anklänge an das plattdeutsche Substrat, z. B. im Kasussystem, vgl. etwa den »Akkudativ« des Berlinischen *(Ick freu ma/mir!)*. In einigen Dialekten, z. B. im Rheinland, kann man *bei die Mama* kommen (statt *zur Mama)* und über jemanden sagen, er *ist geheiratet* und *Kartoffeln am Schälen*. Im gesamten deutschen Dialektraum kann man *dem Papa sein Fahrrad* und *der Mama ihr Auto* putzen, während allein das Standarddeutsche diese interessante und hochkomplexe Konstruktion, den sogenannten »possessiven Dativ«, nicht kennt – »eigenartigerweise«, wie der Duden zu Recht feststellt (Duden Bd.4, 2016:840, §1275).

Obwohl wir hier nur einige Unterschiede illustriert haben, kann man für jedes einzelne Teilsystem dialektaler Varietäten charakteristische Merkmale identifizieren, von der Aussprache und den melodischen Eigenschaften gesprochener Sprache über Flexionsparadigmen und Wortbildung bis zur Wortstellung. Umgangssprachliche und dialektale Varietäten können sich also vom formellen Standarddeutschen in einem Ausmaß unterscheiden, dass man mit Fug und Recht von mehrsprachiger Praxis sprechen kann.

Sprachliche Differenzierung unter dem fiktiven, reichlich idealisierten Dach einer Einzelsprache zeigt sich nicht nur durch unterschiedliche Dialekte, sondern auch in kontext- und diskursabhängigen mündlichen und schriftlichen Stilen und Registern. Dabei lassen sich unterschiedliche Kategorien identifizieren, die sich auf einer Skala von sehr förmlichen und distanzierten Formulierungen am einen Pol bis hin zu informellen und intimen Stilen im Familien- und Freundeskreis am anderen Pol anordnen lassen.

So, wie wir zum Bier mit Freunden nicht im Smoking auftauchen und zu einer Gala nicht in Flip-Flops, passen wir auch unsere Sprache der jeweiligen Situation an. In einem Operationssaal wären beispielsweise Anweisungen an medizinisches Personal, die in Form von Fragen auftauchen wie *Dürfte ich Sie kurz stören und darum bitten, mir netterweise den Tupfer zu reichen?* ebenso unangemessen wie vergleichbare Formulierungen in einem Handballteam oder bei Gesprächen im Cockpit. In anderen Situationen hingegen wären Äußerungen dieser Art durchaus das Mittel der Wahl: *Dürfte ich Sie kurz stören und darum bitten, mir netterweise mit dem Koffer/dem Formular zu helfen/die Tasse zu halten?*

Für nicht Eingeweihte sind viele aufgaben- und handlungsspezifische Register und damit verbundene Zeichen faktisch Geheimcodes (z. B. die Gesten beim Tiefseetauchen oder Dirigieren, die Fernkommunikation via Amateurfunk, das Morsealphabet). Wir stellen sie nicht infrage, wohl wissend, dass wir sie, wie andere aufgabenspezifische Zeichensysteme (Notenschriften, Emojis und Abkürzungen in digitalen Medien), bei entsprechendem Interesse ebenso lernen könnten wie natürliche Sprachen. Gleiches gilt für Kunstsprachen wie Esperanto.

Vergessen wir auch nicht, wie oft wir Schwierigkeiten damit haben, ärztliche Diagnosen (auch ohne Latinismen), juristische Texte oder behördliche Anschreiben zu verstehen. Obwohl solche Texte auf Deutsch verfasst wurden, benötigen wir hin und wieder eine Sprachmittlung (siehe dazu Abschnitt 3), um sie vollständig zu entschlüsseln. Zusätzlich zu alldem gibt es natürlich auch Register mit der Funktion echter Geheimcodes (Geheimdienste, Militär etc.), die Nichtmitgliedern der jeweiligen Organisation prinzipiell verschlossen bleiben und deren Entschlüsselung besonderes Hacker-Talent erfordert. Viele von uns haben in der Kindheit auch gerne selbst geheime Codes ausgetüftelt, und im Internet sind dazu viele Anregungen zu finden, wie beispielsweise das Vertauschen von Silben.

Geteilte Sprech- und Schreibweisen haben solidarisierende und daher für die interne Gruppenkohärenz wichtige Funktionen: Wer »in« sein will, muss sich die Kommunikationsformen und das Vokabular der jeweiligen Gruppe aneignen. Bereits in Kindergärten erweist sich die sprachliche Orientierung an »Peers«, d.h. an Mitgliedern der eigenen Altersgruppe, als wichtig, und Jugendliche zeigen sich besonders innovativ in der Wahl gruppenspezifischer sprachlicher Mittel, inklusive der Übernahme von Wörtern und Phrasen aus anderen Sprachen und auch der Uminterpretation von Ausdrücken. Was für ältere Ohren beleidigend klingen mag, ist unter Gleichaltrigen einer Gruppe möglicherweise das größte Kompliment und eine positive Auszeichnung.

Eine zentrale Voraussetzung für das Überle ben einer Sprache ist die fortwährende Dynamik und Offenheit, die sie durch neue Generationen von Sprecher*innen erhält – und die auch gleich dafür sorgt, dass der Sprachwissenschaft die Arbeit nicht ausgeht. Die Tatsache, dass dabei die gleichen Prinzipien (u.a. das Bedürfnis nach Zugehörigkeit einerseits und das nach Abgrenzung anderseits) immer wieder Neues hervorbringen und dass wir als Sprecher*innen und Schreiber*innen selbst aktiv, wenngleich in der Regel unbewusst, daran mitwirken, sollte uns dabei helfen, die kommunikativen Herausforderungen und Potenziale innerhalb unserer Schulen, und unserer Gesellschaft, besser zu verstehen und mitzugestalten.

Jedes Individuum eignet sich im Laufe seines Lebens ein Spektrum kommunikativer Ressourcen an: sein sprachliches »Repertoire«. Dazu gehören unterschiedliche Stile, Register und Dialekte einer oder mehrerer Sprachen. Aber auch Lernersprachen, d.h. die individuellen Zwischenstufen des Sprach erwerbs, gehören letztlich dazu. Kreative Eigenleistungen, die Lernende beim Spracherwerb vollziehen, zeigen sich besonders gut dann, wenn ihre Formen vom System der Zielsprache abweichen. Sprachen werden niemals unverändert von Generation zu Generation weitergegeben, weil jedes Kind die Zielsprache für sich konstruieren (im Grunde geradezu neu erfinden) muss, denn es erfolgt ja prinzipiell keine direkte Übergabe sprachlichen Wissens von einem Kopf in einen anderen (vgl. Tracy 2008). So schrieb beispielsweise eine Zwanzigjährige, die in den USA mit Deutsch als Familiensprache aufwuchs, in ihr Tagebuch: *Wir lauften ins Wasser und genießten die Sonne.* Was wir hier sehen können, ist eine Regularisierung der Verbflexion, die auch Kinder vornehmen, die in Deutschland Deutsch als Erstsprache erwerben. Sie ersetzen diese zwischenzeitlichen Formen dann nach und nach, manchmal erst im Schulalter, durch standardsprachliche Formen wie *liefen* und *genossen*.

Allerdings: Sollten unregelmäßige Formen in der sprachlichen Umgebung nicht häufig vorkommen, werden sie von ordnungsliebenden Lerner*innen durchaus auf Dauer »repariert«. In diesem Fall findet Sprachwandel statt, zu dem jedes einzelne Kind ein wenig beitragen kann. Auf diese Weise wurden mittlerweile Formen wie das frühere *buk* im Sprachgebrauch junger Sprecher*innen in Deutschland durch das systemkonforme *backte* ersetzt, so wie die amerikanische Sprecherin des Deutschen in den USA, die wir soeben zitiert haben, *lauften* statt *liefen* schrieb. Im mehrsprachigen Kontext mag sich eine solche Entwicklung beschleunigen, aber die Sache an sich ist lediglich die erwartbare Folge eines sich ständig wandelnden Sprachgebrauchs.

Die Fokussierung auf Einsprachigkeit hat leider auch unseren Blick darauf verstellt, dass Deutschland schon immer auch über dialektale und situative Vielfalt hinaus ein mehrsprachiges Land mit vielen regionalen ebenso wie überregionalen Minderheitensprachen war. Zu Deutschland gehört nicht nur das Deutsche, sondern auch eine ganze Reihe anderer Sprachen, z. B. das Sorbische in Brandenburg und Sachsen, das Dänische und das Friesische in Schleswig-Holstein, die Deutsche Gebärdensprache, das Jiddische und das Romanes. Weitere Sprachen kamen und kommen durch Zuwanderung ins Land, und wenn diese Sprachen in den Familien weiter gepflegt und als Teil des kulturellen Erbes an die nächsten Generationen weitervermittelt werden, können sie als Heritage-Sprachen (von englisch *heritage* ›Erbe‹) vital bleiben und als neue Minderheitensprachen die Sprachlandschaft bereichern (vgl. Brehmer & Mehlhorn 2018; Freywald & Wiese *erscheint*). Eine solche Heritage-Sprache ist das Deutsche in den USA im Beispiel der oben genannten Tagebuchschreiberin oder auch das Texas-Deutsche. In Deutschland gehören zu den Heritage-Sprachen unter anderem Türkisch, Russisch, Kroatisch, Albanisch, Arabisch, Serbisch, Kurdisch, Spanisch, Italienisch und Französisch.

Wenn Heritage-Sprachen Bestandteil der Familienkommunikation sind, wachsen Kinder in der Regel mehrsprachig auf. Sie erwerben nicht nur das Deutsche als Umgebungssprache, sondern kommen von klein auf auch mit den Heritage-Sprachen in Kontakt. So könnte ein Kind, dessen

Eltern aus Venezuela stammen, zu Hause Spanisch lernen, jemand mit Eltern aus Kamerun lernt von ihnen möglicherweise Französisch, Ewondo (eine Bantusprache) oder eine der vielen anderen Sprachen Kameruns, und ein Kind mit Großeltern, die aus der Türkei zugewandert sind, erwirbt in der Familie vielleicht Türkisch und/oder Kurdisch.

Eine familiäre Sprachpolitik, bei der die Eltern vorrangig diejenigen Sprachen sprechen, die sie selbst am besten beherrschen, behindert in keiner Weise den Erwerb des Deutschen. Falls das Deutsche nicht zum elterlichen Repertoire gehört, muss der relevante deutsche Input dann von anderen Gesprächspartner*innen kommen, etwa Erzieher*innen in Kindergärten und Freund*innen der Kinder oder der Familie. Jede zuhause von den Eltern oder einem Elternteil kompetent gesprochene Sprache eignet sich dazu, Kinder generell kommunikativ »fit« zu machen, ihre kognitiven und sprachlichen Fähigkeiten zu entwickeln und ihnen Weltwissen zu vermitteln. Das aktive Bemühen um Aufrechterhaltung von Heritage-Sprachen ist auch dann besonders sinnvoll, wenn es noch Verwandte in einem anderen Land gibt und sich die Kinder dadurch z. B. mit der Tante in Izmir oder dem Opa in Yaounde verständigen können.

Obwohl Heritage-Sprachen im familiären Miteinander für die sprachliche Entwicklung der Erstsprachenkompetenz eines Kindes zunächst eine zentrale Rolle spielen mögen, verschiebt sich oft mit Eintritt in den Kindergarten oder spätestens in der Grundschule das Verhältnis zwischen den mittlerweile verfügbaren Sprachen zugunsten des Deutschen. Durch den ausgeprägten monolingualen Habitus spielt das Deutsche als Mehrheitssprache eine gesellschaftlich dominante Rolle, und dafür sind Kinder bereits sensibel. Das Deutsche hat eine Schlüsselfunktion im Bildungsbereich, bei Behörden und im öffentlichen Diskurs, und es ist selbst im halböffentlichen Raum eine vorherrschende Verkehrssprache, etwa beim Einkaufen, beim Busfahren oder bei der Interaktion mit Fremden auf der Straße.

Diese starke Präsenz des Deutschen wirkt auch in den privaten Raum der Familien hinein, also auch dort, wo Eltern eine andere Sprache im Prinzip gerne erhalten möchten. In solchen Familien wechselt die Kommunikation oft zwischen der Heritage-Sprache und dem Deutschen. Die Kinder sprechen, sobald sie den Kindergarten oder die Schule besuchen, auch untereinander oft deutlich mehr Deutsch als die Heritage-Sprache. Diejenigen von uns, die sich bemühen, ihren Kindern eine Heritage-Sprache mitzugeben, haben sicher alle schon die Erfahrung gemacht, dass man die Kinder in dieser Sprache anspricht, sie aber auf Deutsch antworten. In einer Studie, die zum Sprachgebrauch Kreuzberger Grundschüler*innen durchgeführt wurde, die Türkisch als Heritage-Sprache haben, berichteten die Kinder, dass sie im (mehrsprachigen) Freundeskreis und ebenso unter Geschwistern hauptsächlich Deutsch verwenden und mit den Eltern sowohl Deutsch als auch Türkisch sprechen. Nur mit den Großeltern und z. T. mit jüngeren Geschwistern, die noch nicht im

Kindergarten sind, kommunizieren sie vorwiegend auf Türkisch.

Deutsch ist durch den monolingualen Habitus gesellschaftlich so dominant, dass es somit immer auch in der familiären Kommunikation eine Rolle spielt. Im Idealfall erwerben Kinder aber trotz dieser Dominanz des Deutschen auch die Heritage-Sprachen, die in der Familie gesprochen werden. Wir sprechen hier auch deshalb von einem Ideal-fall, weil mehrsprachiges Aufwachsen ein gutes Training für unser Gehirn ist – oder, wie der Neurowissenschaftler Thomas Bak formuliert: Es stellt eine »healthy linguistic diet« dar, eine gesunde sprachliche »Ernährung«. Mehrsprachig-keit ist ein natürlicher Aspekt menschlicher Sprachfähigkeit, und diese kann, wie Meisel (2004:92) betont, ihr volles Potenzial nicht in einer verarmten, auf Einsprachigkeit beschränkten, sondern nur in einer anregungsreichen mehr-sprachigen Umgebung entfalten.

Dass Mehrsprachigkeit nicht nachteilig ist, sondern viele Vorteile mit sich bringt, haben zahlreiche kognitionswissenschaftliche, neurowis-senschaftliche und psychologische Studien gezeigt (vgl. Bialystok et al. 2012). Mehrsprachiges Auf-wachsen trainiert die exekutiven Hirnfunktionen, d. h., es verbessert die kognitive Kontrolle, die für Konzentration und Aufmerksamkeitssteuerung benötigt wird, es unterstützt mentale Flexibilität und fördert das Arbeitsgedächtnis. Mehrsprachig-keit hat auch gesundheitliche Vorteile: Sie zögert den geistigen Abbau im Alter hinaus, und zwar sowohl normale kognitive Alterungsprozesse als auch pathologische (Demenz), und sie führt zu geringeren kognitiven Einbußen nach einem Schlaganfall (Alladi et al. 2016). – Falls Sie aus einer einsprachigen Familie stammen und jetzt einen Schreck bekommen: Keine Sorge, die Vorteile der Mehrsprachigkeit lassen sich auch später im Leben noch erzielen! Sie profitieren auch dann noch, wenn Sie erst als Erwachsene beginnen, weitere Sprachen zu lernen und aktiv zu verwenden. Dass uns das besondere Erwerbspotenzial der frühen Kindheit nicht mehr zur Verfügung steht, können wir als Erwachsene zu einem großen Teil durch Motivation und eifriges Üben wettmachen.

Mehrsprachigkeit beinhaltet notwendigerweise den Umgang mit unterschiedlichen sprachlichen Systemen und fördert so die Fähigkeit, auf unterschiedlichen Ebenen sprachliche Muster zu vergleichen, kreativ und auch spielerisch mit ihnen umzugehen und sich explizit zu Unterschieden zu äußern (vgl. Tracy 2014). Mehrsprachige Kleinkinder wissen früh, dass Dinge, Handlungen und Eigenschaften unterschiedlich bezeichnet werden können, z. B. dass *chien* und *Hund* auf Gleiches verweisen. Sie erweitern ihren Wortschatz um Dubletten, vorausgesetzt natürlich, dass sie diesen in ihrer Umgebung begegnen können und dass es überhaupt Entsprechungen gibt, denn Sprachen »lexikalisieren« Konzepte nicht eins zu eins, d. h., beim Sprachvergleich findet man immer mal wieder »Lücken« im Lexikon einer Sprache.

Schließlich gilt es mittlerweile auch als erwiesen, dass Kinder mit einer spezifischen Spracherwerbsstörung (SSES) – mit einer

Prävalenz von 6-8% die häufigste Entwicklungs-
problematik der frühen Kindheit – von früher
Mehrsprachigkeit profitieren (Genesee et al. 2004)
und dass Mehrsprachigkeit keine Ursache für eine
SSES ist. Der monolinguale Habitus macht allerdings auch vor medizinischen Berufen nicht halt,
und entsprechend groß ist der Informationsbedarf,
um Unterdiagnosen (Kinder mit einer Sprach-
störung werden nicht identifiziert, weil man
sie »nur« für Zweitsprachlerner*innen hält, die
mehr Zeit benötigen) und Überdiagnosen (typisch
entwickelte Kinder werden für sprachgestört
gehalten) zu vermeiden (vgl. Schulz 2013).

Ein verbreiteter Mythos in diesem Zusammenhang ist auch der einer »doppelten Halbsprachigkeit«. Auf die Situation in Deutschland bezogen
besagt diese Irrmeinung, dass Kinder, die mit einer
Heritage-Sprache aufwachsen, weder diese noch
das Deutsche in einem Umfang erwerben, wie
sie es als Monolinguale könnten, zumal sich die
jeweiligen Sprachen ja die verfügbaren zeitlichen
Ressourcen teilen müssten. Jede Sprache könnte
somit nur in Fragmenten bzw. »halb« erworben
werden – was immer man sich unter einer halben
Sprache vorstellen mag. Teilweise wird diese
Annahme noch mit einer lateinischen Bezeichnung, »Semilingualismus«, belegt, die dem Ganzen
dann einen wissenschaftlichen Anschein verleiht.

Obwohl der Mythos der »doppelten Halbsprachigkeit« von der Forschung längst entkräftet
wurde, hält er sich im öffentlichen Diskurs und im
Bildungsbereich in Deutschland noch hartnäckig.
Ein Grund ist vermutlich, dass er vorherrschende

Vorurteile bedient. Die Behauptung, Mehrsprachigkeit führe zu Defiziten, passt nicht nur zum monolingualen Habitus. Sie rechtfertigt auch die Marginalisierung bestimmter sozialer und ethnischer Gruppen. Es ist daher kein Zufall, dass das Schreckgespenst einer »doppelten Halbsprachigkeit« vor allem bei bestimmten Sprachen heraufbeschworen wird. Wenn Sie in der Familie neben Deutsch noch Türkisch, Russisch oder Arabisch sprechen, wurden Sie sicher selbst schon mit entsprechenden Vorurteilen konfrontiert. Wenn eine Ihrer Familiensprachen aber Englisch oder Französisch ist, ist es eher unwahrscheinlich, dass Ihnen das schon passiert ist. Es geht hier also um soziales Prestige, nicht um sprachliche Fakten, d.h. nicht darum, wie gut Sie Ihre Sprachen beherrschen. Englisch wird stereotyp mit Bildung und Modernität assoziiert, andere Sprachen dagegen mit sozioökonomisch benachteiligten Gruppen, und in diesen Fällen werden dann eher »Sprachdefizite« vermutet, auch wenn die Realität das gar nicht hergibt.

Aus Kanada kam der Ansatz, unterschiedliche Anforderungen, vor die der Spracherwerb Lernende stellt, in den Blick zu nehmen, nämlich kontextbedingte Stile oder Register (vgl. für mehrsprachige pädagogische Kontexte vor allem Cummins 2008). Denn zu den bereits oben angeführten formellen Registern gehören auch solche, die die Sprache in Bildungskontexten ausmachen, im Gegensatz zur informellen Alltagskommunikation zwischen miteinander vertrauten Personen im Hier und Jetzt. Wenn Kinder zu Hause eine

Heritage-Sprache lernen, nutzen sie in dieser zunächst das informelle Register der familiären Kommunikation. In der Schule lernen sie dann das formelle Register in einer anderen Sprache, nämlich der Mehrheitssprache, z. B. im Deutschen in Deutschland oder im Englischen oder Französischen in Kanada. Sie haben dann in ihrem sprachlichen Repertoire eine unterschiedliche Verteilung für die beiden Sprachen: Die Heritage-Sprache ist anfangs stärker im informellen Bereich vertreten, und die Mehrheitssprache wird im formellen Bereich ausgebaut. Dabei handelt es sich allerdings nicht um »Halbsprachigkeit«, sondern um eine unterschiedliche Verteilung sprachlicher Ressourcen.

Zugleich können Kindern auch in der Heritage-Sprache unterschiedliche Register zur Verfügung stehen; ein Kind spricht z. B. anders mit der Oma als mit der jüngeren Schwester, und durch Mediengebrauch in der Heritage-Sprache (Fernsehen, Internet, Bücher) wird das Repertoire typischerweise noch weiter ausgebaut. Kinder erwerben natürlich auch informelle Register in der Mehrheitssprache, in der Schule z. B. im Umgang mit Klassenkamerad*innen: Schule ist immer ein Ort sprachlicher Vielfalt und auch ein Ort zum Erwerb unterschiedlicher Register und Sprachstile, einschließlich mehrsprachiger Formen, im Miteinander von Schüler*innen.

SPRACHLICHE VIELFALT AN DER SCHULE

Der Mythos, Mehrsprachigkeit verursache schlechtere Schulleistungen, hält sich trotz vielfältiger, entgegengesetzter Forschungsergebnisse hartnäckig. Bis in die 1960er-Jahre des letzten Jahrhunderts zog man aus der Beobachtung, dass mehrsprachige Schüler*innen in ihren Testleistungen hinter einsprachigen zurückblieben, den Schluss, dass Bilingualität die intellektuelle Entwicklung beeinträchtige und Kinder sprachlich und mental verwirre . Der Großteil der Studien wies aber weitreichende methodische Mängel auf, sodass die Befunde nicht belastbar waren. So wurden – neben anderen Problemen, z. B. fehlender Kontrolle des Alters – meist mehrsprachige Schüler*innen aus sozial benachteiligten Schichten in ihrer Zweitsprache getestet und mit einsprachigen aus der Mittelschicht verglichen, oder man verglich mehrsprachige Kinder aus ländlichen Gegenden mit städtischen einsprachigen. Dadurch war der sozioökonomische Status der beiden Testgruppen ungleich. Bedingungen wurden unzulässig vermischt, und man unterlag dem Fehlschluss, dass zwei Sprachen die mentalen Ressourcen überstrapazieren.

Die Kehrtwende kam 1962 durch Elizabeth Peal und Wallace Lambert und ihrer methodisch genau kontrollierten Studie mit 89 französisch-englisch aufwachsenden Zehnjährigen im kanadischen Montreal: Dabei zeigte sich, dass Schüler*innen, die zweisprachig aufwuchsen, einsprachigen sowohl bei verbalen als auch bei nonverbalen Intelligenztests überlegen waren. Erklärt wurde dieses unerwartete Ergebnis mit einer größeren mentalen Flexibilität und einem vielseitigeren Spektrum an Fähigkeiten, Konzepte zu bilden. Dieser grundlegende Befund wurde in der Folge unter anderem durch weitere Untersuchungen in Kanada bestätigt, die zeigten, dass früher vollständiger Unterricht in einer Zweitsprache erfolgreich sein kann, ohne dass die Leistungen der nichtsprachlichen Fächer oder der Erstsprache darunter litten.

Weltweit erwiesen sich in den folgenden Jahrzehnten die frühe immersive Beschulung in einer neuen Sprache, auch als »Sprachbad« bezeichnet, oder duale Programme, bei denen der Unterricht 50% der Zeit in der einen, 50% in einer anderen Sprache erfolgt (vgl. die Übersicht in Baker 2011), als erfolgreich, insbesondere wenn es gelang, in den Schulen den sozialen Status der beteiligten Minoritätssprachen aufzuwerten. Erfolgsmodelle sind auch Internationale Schulen oder Europa-Schulen, bei denen das Prestige der beteiligten Sprachen nicht infrage gestellt wird. Als moderner Nachfolger diverser früher Immersions-konzepte lässt sich der aktuelle CLIL-Unterricht *(Content and Language Integrated Learning)* bezeich-nen, bei dem einzelne Schulfächer in einer Zweit-sprache/Fremdsprache unterrichtet werden, ein Konzept, das sich auch im kleinen Stil umsetzen lässt, sofern Fachlehrende über die entsprechenden sprachlichen Kompetenzen verfügen. Für Kinder, die in Deutschland erst im Kindergarten in intensi-veren Kontakt mit dem Deutschen kommen, ist im Grund jede Schulstunde eine CLIL-Stunde, und dies setzt besondere professionelle Kompetenzen bei den Lehrenden voraus.

Auch das CLIL-Verfahren bedeutet allerdings, dass man sich im Unterricht meistens auf die Verwendung jeweils einer Sprache beschränkt. Wie wir später argumentieren werden, gibt es gute Gründe, das Prinzip vollständiger Immersion in mehrsprachigen Kontexten nicht stringent umzu-setzen, sondern alle vorhandenen sprachlichen Ressourcen einschließlich der Sprachmischung zu nutzen, weil dies dem sprachlichen und gerade auch dem fachlichen Lernen zuträglich sein kann.

Für das Verständnis sprachlicher Ressourcen ist ein wichtiger Punkt, den wir auch schon weiter vorne hervorgehoben haben, die Vielfalt, die wir bereits innerhalb jeder Sprache finden. In Bezug auf das Deutschlernen in der Schule stellt sich daher die Frage, welches Deutsch hierbei eigentlich ausschlaggebend ist. Wie im vorigen Kapitel deutlich wurde, gibt es »das Deutsche« an sich nicht, sondern hierunter fasst man eine bunte Vielfalt unterschiedlicher Sprechweisen, Dialekte, Register und Stile. Was davon meinen wir, wenn es um Deutschkenntnisse in der Schule geht, was zählt hier?

Einen Hinweis darauf bekommt man, wenn man sich die Ergebnisse von Sprachstandstests für die Schule ansieht. In Berlin unterscheiden sich die Ergebnisse in den einzelnen Bezirken bei solchen Tests oft stark: Kinder aus Bezirken wie Kreuzberg und Neukölln schneiden im Durchschnitt bisher nicht so gut ab wie Kinder aus Köpenick oder Zehlendorf. Man könnte nun denken, dass dies daran liegt, dass in Kreuzberg und Neukölln viele Kinder mehrsprachig aufwachsen, während Kinder in Köpenick und Zehlendorf in ihren Familien oft nur das Deutsche erwerben. Ein Blick auf andere Bezirke zeigt aber, dass das nicht der Grund sein kann. Unter den Bezirken, die auf den letzten Plätzen liegen, sind nämlich immer auch solche, die eher einsprachig deutsch geprägt sind. Das gilt z. B. für Hellersdorf. Dieser Bezirk ist, anders als Kreuzberg oder Neukölln, überwiegend einsprachig. Interessanterweise ist er aber sozioökonomisch vergleichbar: Ebenso wie in Kreuzberg und

Neukölln leben hier erheblich weniger Mittelschichtsfamilien als z. B. in Zehlendorf und
Köpenick.

Dass der sozioökonomische Status einen
Einfluss auf Deutschtests hat, liegt an der Fokussierung dieser Tests auf den Sprachgebrauch der
bürgerlichen Mittelschicht, des sogenannten
»Bildungsbürgertums«: Wie bereits oben erwähnt
wurde, ist die Sprache der Schule wesentlich die
Sprache eben dieser gesellschaftlichen Schicht,
und Kinder, die diese Varietät des Deutschen
schon von zu Hause kennen, sind dann natürlich
im Vorteil.

Das Bildungsbürgertum, das sich in Deutschland seit dem 19. Jahrhundert entwickelt hat, ist
eine soziale Schicht, die sich über einen bestimmten Habitus definiert, und dazu gehörte von
Anfang an auch Sprache und konkret die Abgrenzung gegenüber Angehörigen anderer gesellschaft-
licher Schichten durch eine bestimmte Varietät
des Deutschen, die heute noch die Basis für die
Sprache der Schule bildet. Wir erwarten in unserem Bildungssystem, dass sich alle Kinder sprachlich dieser sozialen Gruppe anpassen, und das
hat natürlich Auswirkungen auf die Chancen der
Kinder, die aus anderen Teilen der Gesellschaft
stammen, unabhängig davon, ob sie nun zu Hause
noch weitere Sprachen erwerben oder einsprachig
deutsch aufwachsen.

Entsprechend ist man mittlerweile in vielen
Städten von der Fokussierung auf mehrsprachige
Kinder bzw. auf Kinder mit familiärer Migrationsge-
schichte weggerückt, wenn es um Sprachförderung

geht, und unterstützt auch Schulen, in denen viele Kinder lernmittelbefreit sind, d. h. aus Familien kommen, die nur ein geringes Einkommen zur Verfügung haben. Insgesamt ist die Bemühung zu begrüßen, unsere Schulen für die vorhandenen mehrsprachigen Ressourcen in den Köpfen der Schüler*innen, d. h. auch für regionale und sozio-lektale Heterogenität zu öffnen. Dies sollte aber auch eine andere Einstellung beinhalten: Kinder sollen dazu befähigt werden, ihre sprachlichen Kompetenzen zu erweitern, weil dies für den schulischen Erfolg wichtig ist, nicht aber weil das, was sie von zu Hause und aus dem Freundeskreis mitbringen, »falsch« oder von nun an in ihrer Lebenswelt unwichtig wäre oder etwas, für das sie sich schämen müssten.

Noch einen Schritt weiter wären wir, wenn es uns gelänge, unsere Schulen sprachlich so zu öffnen, dass wir uns nicht nur auf das Deutsch der Mittelschicht beschränkten, sondern eine größere Akzeptanz und Wertschätzung sprachlicher Heterogenität zeigten. Offenheit gegenüber sprachlicher Diversität und ihrer Thematisierung im Unterricht würde ein- und mehrsprachigen Kindern gleichermaßen zugute kommen, die bildungsinstitutionelle Privilegierung von Kindern aus der Mittelschicht etwas verringern, damit stärker inklusiv wirken und die Schule zu einem besseren Lernort für alle machen. Länder wie Norwegen, in denen eine große dialektale Breite an Schulen nicht nur geduldet, sondern aktiv unterstützt wird, machen uns vor, dass so etwas geht, ohne dass das Bildungssystem darunter leidet (vgl. Trudgill 2016). In den Pisa-Studien schneidet Norwegen, anders als Deutschland, bei der Bildungsgerechtigkeit regelmäßig überdurchschnittlich ab: Bildungserfolge hängen sehr viel weniger vom sozialen Status der Eltern ab.

Unabhängig davon, welche Varietäten des Deutschen man im Bildungsbereich privilegiert: Die Förderung sprachlicher Kompetenzen und der Ausbau sprachlicher Mittel sind wichtige Bildungsziele, und zwar auf allen Ebenen des Bildungssystems. Dies gilt für Kinder, die mit dem Deutschen (und möglicherweise noch einer weiteren Sprache) aufgewachsen sind, aber natürlich auch für neu zugewanderte Kinder und Jugendliche, die das Deutsche gerade erst als »Quereinsteigende« erwerben. Die Bildungspolitik muss in der Lage sein, die Rahmenbedingungen herzustellen, um Kinder und Jugendliche jeden Alters und unterschiedlicher Ausgangbedingungen optimal zu unterstützen. Dazu gehört auch, ihnen die Gelegenheit zu bieten, sich die Majoritätssprache und ihre Varietäten durch Praxis, vielfältige sprachliche Interaktion mit anregungsreichen sprachlichen Modellen und Mut zum eigenen Sprechen anzueignen.

In den Lerngruppen, die wir heute oft an den Schulen haben (und ebenso im pädagogischen Elementarbereich), kommt die eigene Redegelegenheit leicht zu kurz: Wenn in einer Klasse fast 30 Schüler*innen nur eine Lehrkraft haben, können gar nicht alle ausreichend zu Wort kommen, die Kinder müssen viel zu oft zuhören, anstatt selbst zu sprechen. Entsprechend drängt sich auch heute noch mitunter der Eindruck auf, ein zentrales Unterrichtsziel sei »Stillsein und Stillsitzen«. Wir brauchen aber mehr »kommunikative Schule«, in der Schüler*innen ausreichend zu Wort kommen und ihr Sprachrepertoire nutzen und ausbauen können. Um mehr Sprechgelegenheiten und die aktive Verwendung der Sprachen im Umgang mit anregenden Sprachmodellen zu ermöglichen, müssen wir in eine bessere personelle Ausstattung von Schulen und vorschulischen Einrichtungen investieren. Dabei müssen wir sicherstellen, dass pädagogische Fachkräfte und Lehrer*innen bestmöglich für ihre anspruchsvolle Arbeit qualifiziert werden.

Ein Lichtblick ist, dass das sprachintegrierende Arbeiten in der Schule, das in anderen Ländern schon lange als strategisch sinnvoll erkannt wird (vgl. Baker 2011, García 2017), nun auch in Deutschland Fuß fasst. Hier ist der Unterricht in der Regel immer noch konzeptionell monolingual und Deutsch die Schulsprache, über die Leistungen definiert werden und in der Leistungen zu erbringen sind. In bundesweiten Programmen wurde gezeigt, dass die Bildungserfolge von Schüler*innen ansteigen, wenn Kompetenzen im Standarddeutschen auch als Querschnittsaufgabe in allen Fächern gefördert werden und wenn Sprachförderung und Programme sprachlicher Bildung im Deutschen von qualifizierten Lehrkräften durchgeführt werden (vgl. Gogolin u.a. 2011; Niebuhr-Siebert & Baake 2014). Dies umfasst nicht nur die Fächer, bei denen Sprachen an sich als Lerngegenstand im Mittelpunkt stehen, sondern auch andere

Fächer, bei denen sprachliche Herausforderungen lange unterschätzt wurden, z. B. auch das Schulfach Mathematik, für das in den letzten Jahren die sprachlichen Anforderungen an das Aufgabenverständnis, insbesondere bei Textaufgaben, intensiv erforscht wurden (z. B. Prediger *im Druck*).

Was sprachliche Kompetenzen im Mathematikunterricht betrifft, so werden nicht nur Schüler*innen untersucht. Forschungsergebnisse (IGLU 2016) stellen auch einen deutlichen Appell an die Lehrkräfte dar, denn für den Mathematikunterricht in der Grundschule ist es außerordentlich wichtig, dass Lehrende ihre Erklärungen gut strukturieren und vorhersehbare sprachabhängige Probleme vor einer Aufgabenstellung antizipieren können. Dies ist ein wichtiges Element des sogenannten »sprachsensiblen« Unterrichtens. Ein weiteres wichtiges Merkmal sprachlicher Sensibilisierung betrifft den kommunikativen Umgang mit Schülern und Schülerinnen im Allgemeinen und das Vermeiden von Kategorisierungen und leistungsunabhängigen Bewertungen, wie wir sie bereits angesprochen haben.

Selbst für wohlmeinende Lehrende in mehrsprachigen Klassen ist es wichtig, sich im Schulterschluss mit ihren Kollegien »blinder Flecken« (Forghani-Arani et al. 2019), diskriminierender Denkschemata und ihrer Wirkungsweisen im Unterrichtsgeschehen, u.a. der demotivierenden Wirkung auf Schüler*innen, bewusst zu werden. Solche Denkschemata können sich in der Weise äußern, dass Lehrende zu niedrigeren Lernerwartungen und auch Schulempfehlungen bei

Mehrsprachigen neigen oder dass Aufsätze unterschiedlich bewertet werden, wenn z. B. »Paul« oder aber »Mehmet« als Schülername dabeisteht (vgl. Sprietsma 2009, Glock & Kovacs 2013, Bonefeld & Dickhäuser 2018).

Die von Schüler*innen bereits mitgebrachten Sprachen sind bislang wenig relevant in Bildungsprozessen. Das zeigt sich deutlich daran, dass zum Beispiel als Abiturfächer nur ein begrenzter Kreis von Fremdsprachen angeboten wird, während es die meisten Heritage-Sprachen bis auf wenige lokale Ausnahmen nicht in diesen Kanon schaffen. Um dies zu ändern, braucht es bildungspolitischen Willen in der Schulentwicklung und als Voraussetzung auch den Aufbau von passenden Fächerangeboten in der Lehramtsausbildung (s. a. Sennema *ersch.*).

Die Forschung hat mittlerweile nachgewiesen, dass die simultane Literalisierung in mehr als einer Sprache ohne Nachteile möglich ist und dass der Unterricht in Heritage-Sprachen die Leseleistung im Deutschen sogar fördert (vgl. die Webseiten der BiSS-Projekte, des Mercator-Instituts und des KOMBI-Verbunds des BMBF). Wie wir bereits erwähnt haben, zeigen schließlich auch bilinguale Schulzweige und Schulen, dass Kinder problemlos in mehr als einer Sprache unterrichtet werden können. Wenn Schulen sprachliche Fächer anbieten, die bereits als Heritage-Sprachen in der Klasse vorhanden sind, können alle Schüler*innen hiervon profitieren. Dabei können Anfänger*innen von Klassenkamerad*innen auch umgangssprachliche und jugendsprachliche Formen lernen, im

Klassenzimmer und selbstverständlich auch auf dem Schulhof – und weil die natürlich oft viel interessanter für Jugendliche sind, fördert so etwas besonders die Lernmotivation! Ein solches Angebot würde der Abwertung und Ausgrenzung von Heritage-Sprachen ein deutliches Signal entgegensetzen und nicht nur das sprachliche Selbstbild mehrsprachiger Schüler*innen, sondern generell ihr akademisches Selbstbild stützen, das für den Lernerfolg in allen Fächern wichtig ist.

In Deutschland wäre z. B. ein Schulfach »Türkisch« als moderne Fremdsprache sicher unmittelbar relevanter als viele Fremdsprachen aus dem klassischen Kanon (vgl. Küppers & Schroeder 2017). Eine Sprachenpolitik, die verbreitete Heritage-Sprachen als Bildungsressourcen nutzt und ausbaut, führt nicht nur zu mehr Bildungsgerechtigkeit und Wertschätzung migrationsbedingter Mehrsprachigkeit, sondern ist auch besonders geeignet, den gesellschaftlichen Zusammenhalt weiter zu fördern. Die am Unterricht in Herkunftssprachen (oder entsprechendem CLIL) beteiligten Lehrkräfte müssten natürlich darauf achten, die Anfänger*innen in diesen Sprachen fair zu beurteilen und ihnen ihren Rückstand gegenüber den Heritage-Sprecher*innen nicht zum Nachteil werden lassen. Aber hierbei handelt es sich lediglich um eine Herausforderung, die Lehrenden bereits aus ihrem Alltag in heterogenen Klassen und im Umgang mit der Herausforderung inklusiven Unterrichts ausreichend vertraut sein sollte: die Notwendigkeit, individuelle Lern- und Leistungsfortschritte zu erkennen und zu ermöglichen.

Bei der Wertschätzung sprachlicher Ressourcen sind nicht nur die Kompetenzen in Heritage-Sprachen, sondern auch die, die Schüler*innen im Deutschen bereits mitbringen, ganz wesentlich. Das klingt zunächst trivial, aber in der Praxis werden solche Kompetenzen bei mehrsprachigen Schüler*innen oft nicht hinreichend anerkannt oder bei zurückhaltenden Schüler*innen auch unterschätzt. Lehrer*innen befinden sich ja nicht in einem sozialen Vakuum, sondern sind Teil unserer Gesellschaft, und diese ist immer noch durch Vorurteile gegenüber Heritage-Sprecher-*innen und Mehrsprachigkeit im Allgemeinen geprägt. Der monolinguale Habitus geht oft einher mit einem *monoethnischen* Habitus: Wir verhalten uns so, als seien nur diejenigen Teil der »deutschen« Innengruppe, die wir als ethnisch deutsch konstruieren, und dabei werden Menschen, deren Eltern oder Großeltern aus anderen Ländern zugewandert sind, ausgeschlossen.

Dies nimmt teilweise groteske Züge an. So wird eine Protagonistin in einer TV-Dokumentation zum »Jahrhundert der Frauen« (*Phoenix*, 10.10.2014) als »Türkin mit deutschem Pass« charakterisiert, und wir erfahren dann, dass sie »in Berlin geboren und sozialisiert« ist. Es handelt sich hier also um eine Frau, die die deutsche Staatsangehörigkeit hat, in Deutschland geboren und in Deutschland aufgewachsen ist. Dennoch ist es offensichtlich nicht möglich, sie als »Deutsche« zu benennen, in der Dokumentation erscheint sie als »Türkin«.

Menschen mit Vorfahren aus der Türkei werden regelmäßig als »Türken« oder »Deutschtürken«

anstatt als »Deutsche« oder »Türkischdeutsche«
bezeichnet, Zuwanderer aus Russland, die als
ethnisch deutsch angesehen werden, gelten
dagegen als »Russlanddeutsche«. Die Unfähigkeit,
Menschen, die bereits in der zweiten oder dritten
Generation Deutsche sind, auch als solche zu
akzeptieren, kann auch dazu führen, dass ihre
Deutschkenntnisse geringgeschätzt werden. So
berichtet eine Studentin über ihre Schulzeit in
Deutschland (www.deutsch-ist-vielseitig.de):

»In der Schule wurden wir Schüler aus
türkischen Familien immer für unser Deutsch
kritisiert, uns wurde von den Lehrern immer
gesagt, dass wir schlecht Deutsch sprechen. Das
lag wahrscheinlich auch daran, dass sie uns
immer als Ausländer angesehen haben, obwohl
wir fast alle schon unser ganzes Leben in Deutschland waren. Wir hatten auch ein paar Russlanddeutsche in der Klasse, die nicht in Deutschland
geboren, sondern erst später herkommen waren
und deren Deutsch eigentlich viel schlechter
war als unseres. Deren Deutsch wurde von den
Lehrern aber nie bemängelt, und sie wurden
immer als Deutsche gezählt.«

Wenn mehrsprachige Schüler*innen nicht als
deutsch akzeptiert werden, hat man auch nicht im
Blick, dass Deutsch eine ihrer Erstsprachen sein
kann. Solche Polarisierungen der Art »deutsch –
nicht-deutsch« sind gerade im Bildungskontext
nicht sinnvoll. Der monolinguale Habitus verhin-
dert die Einsicht, dass Menschen mit mehreren
Sprachen aufwachsen können und dass jemand,
der in der Familie mehr als eine Sprache erwirbt,

natürlich auch Deutsch als Erstsprache erwerben kann. Ein Fragebogen für Schüler*innen in einer Berliner Sekundarschule enthielt beispielsweise folgende Fragen: »Hast du auch deutsche Freunde?«, »Sprichst du zu Hause Deutsch oder deine Muttersprache?« Mit dem Fragebogen wollten Lehrkräfte eigentlich herausfinden, wie der sprachliche Alltag ihrer Schüler*innen aussieht, um sie bestmöglich fördern zu können. Was dabei herauskam, war jedoch eine Ausgrenzung, die den Blick auf die sprachlichen Kompetenzen der Schüler*innen verstellt: Mehrsprachige Schüler*innen werden hier nicht als deutsch gesehen, und das Deutsche kommt als Erstsprache bei ihnen nicht in Betracht.

Viele in Deutschland geborene und aufgewachsene mehrsprachige Kinder erfahren eine solche Ausgrenzung ganz deutlich. Sie erleben, dass sie nicht nur im vorherrschenden gesellschaftlichen Diskurs, sondern auch ganz konkret in Kindergarten und Schule nicht als deutsch akzeptiert werden, von Erzieher*innen und Lehrkräften, die eine solche Ausgrenzung meist gar nicht bewusst bezwecken. Durch regelmäßige Ausgrenzungserfahrungen besonders bei Heritage-Sprachen, die kein hohes Sozialprestige haben, lernen Schüler*innen nach und nach, dass sie nicht dazugehören, und übernehmen spätestens mit Eintritt in die Pubertät dann oft die vorherrschende Sicht auf sich selbst als »nicht deutsch« oder nicht dazugehörig. In diesem Alter entwickeln sich dann auch eigene, mehrsprachige Stile und Varietäten, mit denen Jugendliche sich sowohl von ihren Familien als auch von der Mehrheitsgesellschaft absetzen können (Keim 2007), und Heritage-Sprachen werden dann mitunter auch zur Ausgrenzung verwendet: Wenn ich eine Sprache spreche, die andere nicht verstehen, kann ich das auf dem Schulhof und anderswo natürlich auch als »Geheimsprache« nutzen.

WIE MEHRSPRACHIGKEIT SCHULEN STÄRKEN KANN

Eine zentrale Aufgabe der Schule ist es, allen Kindern und Jugendlichen Fähigkeiten, Fertigkeiten und Werthaltungen zu vermitteln, die sie in die Lage versetzen, aktiv und verantwortlich ihre eigene und die Zukunft der Gesellschaft mitzuformen. Die Schule ist für diese Aufgabe prädestiniert, denn in ihrem Mikrokosmos treffen verschiedenste gesellschaftliche Gruppierungen aufeinander, werden Mehrsprachigkeit und Sprachkontakt konkret und kann der respektvolle

Umgang der Schüler*innen miteinander und mit all ihren Sprachen angeleitet und geübt werden. In der Schule als einem idealerweise »sicheren Ort« sollen Lernende sich darin üben, kritisch zu denken, sie sollten Selbstwirksamkeit und Anerkennung erleben dürfen, und sie sollten auch lernen können, was man mittels Sprache alles an- und ausrichten kann.

Fraglos ist die heutzutage allerorts geforderte Wertschätzung und aktive Berücksichtigung von Heterogenität für Lehrkräfte eine große Herausforderung, denn wie agiert man effektiv und pädagogisch angemessen in immer vielfältigeren Klassenzimmern? Grundlegend ist sicher die Einsicht, dass es keinen Gegensatz bedeutet, Vielfalt gerecht zu werden und gleichzeitig den sozialen Zusammenhalt in Klassen und Schulen zu fördern. Auch wenn die didaktischen Zugänge in den verschiedenen Fächern unterschiedlich sind, so haben doch alle Fachdidaktiken heute den gemeinsamen Grundgedanken, dass die bewusste Integration der vorhandenen sprachbezogenen Repertoires der Schüler*innen in den Unterricht für ihr fachliches, sprachliches und soziales Lernen förderlich ist.

Für Lehrer*innen und für alle in Schulen pädagogisch wirkenden Personen besteht die Aufgabe darin, Lerninhalte und Lernprozesse in einen Kontext reflektierten Umgangs mit Sprache einzubetten, vorhandene metalinguistische Fähigkeiten der Schüler*innen zu stärken und sie für Lernzwecke wirksam zu machen. Dies bedeutet, dass man auch im Regelunterricht, der in der

Vergangenheit monolingual ausgerichtet war, nicht auf den Vorteil einer mehrsprachigen Schülerschaft verzichten muss. Ohnehin passiert in jedem Unterricht viel Mehrsprachiges, weil die in den Köpfen der Anwesenden vorhandenen sprachlichen Ressourcen interagieren: beim Verstehen von Texten, beim Abruf von Wortschatz, bei der Suche nach Formulierungen. Eben diese natürliche Vernetzung über Sprachgrenzen hinweg befähigt uns – Lehrende wie Lernende – dazu, nahtlos zwischen Sprachen hin und her zu wechseln.

Sprachliches Mischen zeigt sich in der Übernahme einzelner Wörter oder im Codeswitching an Satzgrenzen sowie mitten im Satz. Das Mischen im Unterricht wurde lange abgelehnt, und zwar auch in Fächern, in denen das eigentliche Unterrichtsziel nicht die Vermittlung sprachlicher Inhalte und Formen beinhaltet. Dass im Unterricht aber Routinen der bislang vorherrschenden einsprachigen Praxis mit Gewinn aufgebrochen werden können, zeigen Methoden mehrsprachiger Lernarrangements. Dabei werden Schüler*innen explizit dazu ermutigt, multiple sprachliche Zugänge zu nutzen, um einander beim Lösen von Aufgaben zu helfen. Dazu gehört z. B. das leise, unterrichtsbegleitende Übersetzen unter Schüler-*innen. Ein gegenseitiges Aushelfen betrifft im Unterricht meist eine Zusammenfassung oder Fokussierung wesentlicher Inhalte, ein Paraphrasieren oder auch das informelle Übersetzen mit dem Zweck der Verständnissicherung. Mehrsprachige nehmen also sprachmittelnd und ggf. kulturell mittelnd, z. B. bei Quereinsteiger*innen, eine aktive Expert*innenrolle ein. Die Kompetenz, zwischen zwei oder mehr Sprachen sprachmittelnd agieren zu können, wertet insbesondere Sprecher*innen von marginalisierten Heritage-Sprachen in einem stark monolingual ausgerichteten Bildungssystem auf. Auch dann, wenn Lehrpersonen selbst nicht in der Lage wären, Sprachmittlungsaufgaben zu übernehmen, können sie ihren Unterricht entsprechend und im Vertrauen auf die Kompetenzen und die Kooperationsbereitschaft ihrer Schüler*innen gestalten.

Erfahrene Pädagog*innen werden im Verlaufe der Lektüre dieses Buches wohl schon mehrfach gedacht haben, »aber das machen wir doch längst«, z.B. spontanes Übersetzen und Paraphrasieren vor allem beim Unterrichten von Fremdsprachen (man denke auch an die Übersetzungsmethoden bei den klassischen Fremdsprachen). Nichtsdestotrotz setzt man offiziell in der Regel immer noch auf Einsprachigkeit (ein Trend, der übrigens laut Baker [2009] weltweit das gesamte 20. Jahrhundert durchzog). Auch die mittlerweile klassischen und hinsichtlich des Ziels Mehrsprachigkeit erfolgreichen Immersionsprogramme setzen im Grunde auf einsprachigen Unterricht. Wieso also nun ein Umdenken in Bezug auf den Einsatz unterschiedlicher sprachlicher Ressourcen? Handelt es sich dabei um sinnvolle pädagogische Strategien oder lediglich um hilfloses *Laissez-faire*? Bereits vor Jahrzehnten wurde in Wales für das Unterrichten von Englisch und Walisisch sprechenden Kindern eine Unterrichtsstrategie propagiert, die sich natürliches Codeswitching zunutze macht und heutzutage als *Translanguaging* dem Lernen im Kontext migrationsbedingter Mehrsprachigkeit den Weg ebnet.

Als Beispiel für Translanguaging im Unterricht beschreibt Ofelia García (2017) den Unterrichtseinstieg eines Neuzugewanderten in den DaZ-Unterricht. Da der Schüler geringe Deutschkenntnisse mitbringt, regt die Lehrerin andere Schüler*innen, die seine Sprache sprechen, an, etwas über seine Interessen in Erfahrung zu bringen. Er nennt ein bestimmtes Musikinstrument, und sie bereiten dazu Unterrichtsmaterial auf Deutsch vor. In den folgenden Unterrichtsstunden kommt man immer wieder auf dieses Thema zurück: Mittels Online-Übersetzungen werden weitere Beschreibungen des Instruments in Heritage-Sprachen übersetzt und dabei Sprachkontraste und Eigenheiten deutscher Wendungen herausgearbeitet, der neue Kursteilnehmer wird als Experte befragt, und andere Lernende helfen mit Übersetzungen aus. Auf diese Weise werden alle sprachlichen Ressourcen zum Lernen genutzt: Mitschüler*innen, Übersetzungsprogramme, Wörterbücher und verschiedene Erstsprachen sind ein selbstverständlicher Teil des Lernprozesses. Die Lebenswelten der Lernenden, was sie können und was sie interessiert, werden zum Thema des Unterrichts gemacht, und alle können ihre Sprachrepertoires systematisch einbringen. Damit kann der Deutschunterricht als ein sicherer Ort erlebt werden, nämlich sicher vor Sprachlosigkeit – mit dem neuen Mitschüler wird von Anfang an kommuniziert – und sicher vor Beschämung durch Unwissenheit.

Strategisches Sprachmitteln und Translanguaging zielen somit darauf ab, die Mehrsprachigkeit aller Schüler*innen und ihre Expertise zu stärken und sie in die pädagogische Praxis einzubeziehen. Dies geht weit über die wertschätzende Einstellung gegenüber einer Sprache hinaus. Baker (2009) betont eine Reihe von Vorteilen. Dazu gehört, dass ein Einbezug verschiedener Erstsprachen es Kindern erleichtert, breiter an vorhandenes Weltwissen anzuknüpfen. Zudem fördert der mehrsprachige Zugang die thematische Reflexion: Wenn Lernende, die einem Thema in einer Sprache begegnen, danach dazu herausgefordert werden, in einer anderen Sprache etwas dazu zu sagen oder zu schreiben, müssen sie sich besonders intensiv mit dem Stoff auseinandersetzen und können nicht einfach zuvor Gelesenes oder Gehörtes reproduzieren. In der zusätzlichen Auseinandersetzung mit Aufgaben in Heritage-Sprachen liegt zudem zusätzliches Potenzial für die Kooperation von Schule und Familie: Wenn neu zugewanderte Kinder Lernstoff auch in ihren Erstsprachen thematisieren können, sind sie besser dazu imstande, zuhause davon zu berichten. Eltern fühlen sich bezüglich der Unterrichtsinhalte besser informiert, Themen können zuhause vertieft werden, die Eltern werden in die Lage versetzt, ihre Kinder bei Hausaufgaben zu unterstützen, und erfahren nicht zuletzt auch selbst auf diese Weise eine stärkere Wertschätzung vonseiten der Schule.

Schule ist auch der Ort, wo Schüler*innen soziales Miteinander üben und ein positives Selbstkonzept entwickeln können. Um Einstellungen und Gefühle sich selbst gegenüber auszuformen und die eigene Identität ausbilden zu können, ist ein Gefühl von Sicherheit wichtig. Das gilt auch für erfolgreiche Lernprozesse. Das Konzept des »sicheren Ortes« will innerhalb einer unsicheren Welt »Inseln der Sicherheit« herstellen und damit die Voraussetzung schaffen, dass Entwicklung, Wachstum und Bewältigung möglich werden. Die Möglichkeit, auch eine Heritage-Sprache zu verwenden, stellt eine solche Insel der Sicherheit dar, von der aus Lerngegenstände aus unterschiedlichen sprachlichen Konzeptionen heraus erschlossen werden können. Beim Translanguaging und dem gezielten Einbeziehen von Herkunftssprachen neu zugewanderter Schüler*innen geht es also nicht um ein Rückzugsangebot in eine andere, private Sprachwelt, sondern vielmehr um die Bearbeitung einer Aufgabe über parallele, aber sprachlich unterschiedliche mentale Zugänge. Damit verbindet sich zugleich der private Raum der Familiensprache mit dem öffentlichen Raum ›Schule‹ und fördert idealerweise ein positives, ganzheitliches Selbstkonzept.

Beim Vermitteln sprachlicher Kompetenzen haben wir die besten Verbündeten, denn Kinder, wie Menschen generell, sind hervorragende Sprachenlerner*innen. Es wäre also nur klug und pädagogisch sinnvoll, wenn wir sie das explizit wissen ließen. Dies können wir auf mannigfache Weise tun. Ein zentraler Punkt, den wir mehrfach betont haben, ist, sie als kompetente Sprecher*innen ihrer verschiedenen Erstsprachen zu behandeln. Aber wir können noch mehr tun, indem wir wesentlich stärker als bisher das *Lernen an sich* und das Sprachenlernen im Besonderen zum schulischen Gesprächsstoff machen. Unsere Empfehlung ist daher, sprachwissenschaftliche Anteile viel stärker in den Unterricht zu integrieren und zu Anfang der Grundschulzeit und erneut zu Anfang einer weiterführenden Schule zudem in Form eines Kompaktkurses »Sprache« zu fokussieren. Das zeitliche Kontingent dafür könnte man problemlos über alle Fächer hinweg, nicht nur beim Deutschunterricht, ansparen, zum Beispiel indem jedes Fach auf eine einzige Unterrichtsstunde pro Halbjahr verzichtet – problemlos ist das deshalb, weil natürlich alle Fächer von einem solchen Fokusfach »Sprache« profitieren würden.

Gegenstand dieses Kurses wäre das Sprachenlernen selbst und damit auch die Verdeutlichung der Leistung, die alle Schüler*innen in ihren Erst- und Zweitsprachen schon erbracht haben, bevor sie in die Schule kamen. Der Spracherwerb ist für Kinder und Jugendliche ein interessantes Thema, nicht zuletzt deshalb, weil ihnen ihre Umwelt (jüngere Geschwister, sie selbst, ihre Eltern, Großeltern) vielfältiges Anschauungsmaterial bietet. Mehrsprachige sind nicht selten für Eltern sprachmittelnd aktiv, viele von ihnen haben auch Verwandte in anderen Ländern, die sie regelmäßig besuchen und zu denen sie dann oft auch sprachliche Unterschiede feststellen, etwa weil sich Heritage-Sprachen grammatisch unterschiedlich weiterentwickeln. Elementare Einsichten in Gründe für Erwerbs- und Wandelprozesse lassen sich auch mit Heranwachsenden diskutieren und können das Verständnis für die eigene Leistung und die Reflexion über das eigene kommunikative Verhalten stärken.

Man würde Schüler*innen dafür interessieren, wie vielfältig und komplex menschliche Sprachen und sprachliche Praktiken sind, dass hierzu selbstverständlich auch Mehrsprachigkeit, Sprachmischung und dialektale Vielfalt gehören, dass selbst kleine Kinder schon Registerunterschiede nutzen und dass Sprachen wie z. B. Deutsch oder Arabisch je nach Land Heritage-Sprache oder Majoritätssprache sein können. Man könnte dazu anregen, Minderheitensprachen wie die Deutsche Gebärdensprache, Romanes oder Sorbisch zu erkunden, Sprachspiele zu entwickeln, Geheimcodes zu erfinden, über Klingonisch und Tolkiens Kreationen, die Dechiffrierung des Rosettasteins sprechen und natürlich die eigene Sprachverwendung dabei ständig mitdenken.

Einen wichtigen Stellenwert dabei wird die Reflexion über das Mixing/Codeswitching und den Wechsel zwischen verschiedenen Stilen und Registern einnehmen, also gewissermaßen die »Qual der Wahl« oder, positiver formuliert, die (weitgehend) unbewusste Entscheidung über die kontextuelle Angemessenheit einer Varietät im Umgang mit Familienmitgliedern, Freund*innen, Fremden. Dieses Thema ist insbesondere deswegen relevant, weil viele Mehrsprachige selbst den monolingualen Habitus so internalisiert haben, dass sie das eigene Mischverhalten kritisch sehen und sich selbst herabsetzen. Die eigentliche Virtuosität und Sprachbeherrschung, die für flüssiges Codeswitching nötig ist, wird nicht erkannt.

Anhand von Beispielen würde man zeigen, dass bereits mehrsprachige Zwei-bis Dreijährige in selbst-initiierten Rollenspielen Puppen in verschiedenen Sprachen sprechen lassen und dass sie sich früh Gedanken darüber machen, wer warum welche Sprachen spricht, ja, wer welche Sprachen sprechen darf; dass Kleinkinder Elemente einer Sprache nutzen, um systematisch Lücken in einer anderen zu füllen und dass sie früh Wörter perfekt an die jeweilige Grammatik anpassen können (*Soll ich die droppen? I've dropped it*; Tracy 2014).

Anhand einschlägiger Beispiele, auch selbst produzierter, könnte man Funktionen des Codeswitchings entdecken lassen, z. B. wenn der Hauptstrang einer Geschichte in einer Sprache erzählt wird, die eigene Meinung zu bestimmten Teilereignissen in einer anderen. Ebenso lässt sich anhand authentischer Beispiele mit unterschiedlichen Sprachkombinationen illustrieren, wie Sprachen gewechselt werden, um Hintergrundinformation zu ergänzen, eigene Versprecher zu korrigieren oder Präzisierungen vorzunehmen. Man würde demonstrieren, dass deutsch-englische Sprecher*innen ebenso mischen wie Personen mit anderen sprachlichen Repertoires.

In diesem Kontext könnte man erläutern, dass das Mischen von zwei oder mehr Sprachen in vielen Sprachgemeinschaften der natürliche, normale (unmarkierte) Kommunikationsmodus ist und dass eine Abweichung davon, also vom »Normalfall des Mischens«, von den anderen Beteiligten sogar als Distanzierung, Missfallen oder Arroganz interpretiert würde. Dies wäre auch eine perfekte Gelegenheit, um darüber zu sprechen, warum sich Menschen durch sprachliches Verhalten einbezogen und willkommen oder ausgegrenzt fühlen und dass es glücklicherweise Teil unserer mehrsprachigen Kompetenz ist, unsere Sprachwahl so zu kontrollieren, dass wir sehr gut und problemlos zu einer *lingua franca* wechseln können, wenn wir verhindern wollen, jemanden (un)absichtlich zu kränken.

Ausgrenzungserfahrungen über sprachliche Mechanismen sind niemandem, ob ein- oder mehrsprachig, unbekannt, und damit wären wir schließlich wieder bei unserem thematischen Einstieg, nämlich der Behauptung, dass Sprache uns verwundbar und manipulierbar macht. An dieser Stelle berührt sich das, was man aus sprachwissenschaftlicher Sicht beisteuern kann, mit anderen Fächern und Lerninhalten, z. B. Geschichte, Ethik, Gemeinschaftskunde, Politik etc., in denen Machtausübung und die Perpetuierung sozialer Ungleichheit durch sprachliche Praktiken Themen sind.

Wozu das gut sein soll, abgesehen davon, dass die Beschäftigung mit Sprache unterhaltsam ist und Spaß machen kann? Nun, aus linguistischer Sicht wäre allein das schon ein ausgezeichneter Grund! Aber aus pädagogischer und bildungspolitischer Sicht geht es um mehr: darum, unseren defizitorientierten Blick durch Kompetenzorientierung zu

ersetzen und Schüler*innen die eigenen Fähigkeiten und die in ihren Familien vorhandenen
Kompetenzen ins Bewusstsein zu rücken. Es geht
darum, bei allen, einschließlich den Lehrenden,
das Bewusstsein dafür zu schärfen, was mit
Sprache an- und ausgerichtet werden kann, wie
sie Menschen positiv »ermächtigt« (in der pädagogischen Literatur klingt das dem Englischen
entlehnte »empowerment« tatsächlich besser),
aber auch mundtot und unsichtbar macht.

Schließlich geht es noch darum, eine weitere
Frage zu beantworten, nämlich die, wer das alles
leisten soll. Diese Frage ist eigentlich leicht zu
eantworten: Natürlich Expert*innen, die sich
während ihres Studiums oder durch Weiterqualifi-
kation mit Mehrsprachigkeit und Spracherwerb
beschäftigen konnten, und das müssen mittlerweile in vielen Bundesländern alle, die ins Schul-
amt wollen.

SCHLUSS: WEGE AUS DER EINSPRACHIG- KEIT

In diesem Debattenbuch haben wir deutlich gemacht, dass Mehrsprachigkeit, nicht Einsprachigkeit der Normalfall in menschlichen Gesellschaften ist, dass in einem Kopf nicht nur eine Sprache Platz hat und dass Mehrsprachigkeit Schulen guttut. Wir haben gezeigt, wie wichtig die Wertschätzung mehrsprachiger Schüler*innen und die Anerkennung und Nutzung ihres sprachlichen Repertoires in seiner gesamten Breite ist. In diesem Sinne haben wir eine Reihe von Anregungen entwickelt und Vorschläge für die Schule gemacht, insbesondere haben wir plädiert für:

- die Unterstützung und Wertschätzung mehrsprachiger Ressourcen auf dem Schulhof ebenso wie im Unterricht, einschließlich Sprachmischung, Translanguaging und Sprachmittlung;
- im Bereich des Deutschen eine Abkehr von der Beschränkung auf eine einzige Varietät, die sich nah am Sprachgebrauch der Mittelschicht orientiert, als Schul- oder Bildungssprache, und stattdessen eine Akzeptanz dialektaler Vielfalt;
- die selbstverständliche Anerkennung aller Schüler*innen, die in Deutschland geboren und aufgewachsen sind, als Sprecher*innen des Deutschen;
- die Stärkung einer kompetenzorientierten Perspektive auf ein- und mehrsprachige Lernende über alle Bildungseinrichtungen hinweg;
- eine bessere personelle Ausstattung von Kindergärten und Schulen, die eine stärker »kommunikative Schule« ermöglicht;
- einen Fokuskurs »Sprache«, in dem systematisch über Sprache reflektiert und diskutiert und mit Sprache kreativ umgegangen wird und der allen Schüler*innen ihre vielfältigen sprachlichen Kompetenzen und ihr Sprachlernpotenzial verdeutlicht;
- ein Fremdsprachenangebot an Schulen, das systematischer als bisher auch große Heritage-Sprachen umfasst.

Wir haben argumentiert, dass die Umsetzung dieser Anregungen nicht nur mehrsprachigen Schüler*innen, sondern unserem Bildungssystem und letztlich der Gesellschaft insgesamt zugute käme. Mittlerweile steht nicht mehr infrage, dass die Förderung sprachlicher Kompetenzen kein »Projekt« ist, welches man nach kurzer Zeit durch neue Projekte ersetzen könnte. Vielmehr bedarf es der Initiative und des Schulterschlusses vieler Beteiligter, einschließlich der Familien, entlang der gesamten Bildungsbiografie von Kindern und Jugendlichen, von der Krippe bis in die berufliche Ausbildung und ins Studium. Dies ist einerseits alternativlos, andererseits natürlich nicht kostenneutral umsetzbar. Alternativlos ist die Weiterentwicklung von Bildungsinstitutionen, das Überwinden von bestehenden Reibungsflächen an den Schnittstellen und die Teamentwicklung von Fachkräften und Lehrer*innen, die sich ebenso wie ihre Schüler*innen als kompetent und wertgeschätzt erleben möchten. Es geht also auf vielen Ebenen um die Entwicklung und Förderung kommunikativer Ressourcen und um das Bemühen, die Vielstimmigkeit vieler durch kreative Ideen in Einklang zu bringen.

ZUM WEITERLESEN

Busch, Brigitta (2017). *Mehrsprachigkeit*. 2. Auflage. Wien: facultas.

Dirim, İnci, & Mecheril, Paul (2018). *Heterogenität, Sprache(n), Bildung. Die Schule der Migrationsgesellschaft*. Bad Heilbrunn: Klinkhardt.

Gogolin, Ingrid (2003). Sprachenvielfalt - Ein verschenkter Reichtum. In: *Berufliche Qualifizierung von Jugendlichen mit Migrationshintergrund - Voraussetzung für Integration*. DGB-Bildungswerk [Schriftenreihe »Migration und Arbeitswelt.« 8].

Grosjean, François (2010). *Bilingual: Life and Reality.*
Cambridge, MA: Harvard University Press.

Krifka, Manfred et al. (2014). *Das mehrsprachige
Klassenzimmer.* Heidelberg: Springer.

Keim, Inken & Tracy, Rosemarie (2007). Mehrsprachigkeit und Migration. In: Frech, Siegfried, &
Meier-Braun, Karl-Heinz (Hg.), *Die offene Gesellschaft.* Schwalbach: Wochenschau-Verlag.
S.121–144.

Landesstiftung Baden-Württemberg gGmbH (Hg.)
(2007). Mannheimer Erklärung zur frühen
Mehrsprachigkeit: 11 Thesen. In: *Frühe Mehrsprachigkeit: Mythen – Risiken – Chancen.
Dokumentation zum Kongress am 5. und 6.
Oktober 2006 in Mannheim.* Stuttgart: Schriften-
reihe der Landesstiftung Baden-Württemberg
28. S.39.

Schroeder, Christoph (2007): Integration und
Sprache. *ApuZ* 22/23: 6-12.

Tracy, Rosemarie (2008). *Wie Kinder Sprachen
lernen. Und wie wir sie dabei unterstützen
können.* Tübingen: Narr Francke Attempto.

Wiese, Heike (2012). *Kiezdeutsch. Ein neuer Dialekt
entsteht.* München: Beck.

http://healthylinguisticdiet.com/ (Institute of
Education & Centre for Clinical Brain Sciences,
Universität Edinburgh).

www.deutsch-ist-vielseitig.de (Materialien für Kita,
Schule und Fortbildung zum Umgang mit
sprachlicher Vielfalt).

LITERATUR-
NACHWEIS

Alladi, Suvarna; Bak, Thomas H.; Mekala, Shailaja; Rajan, Amulya; Chaudhuri, Jaydip Ray; Mioshi, Eneida; Krovvidi, Rajesh; Surampudi, Bapiraju; Duggirala, Vasanta & Kaul, Subhash (2016). Impact of bilingualism on cognitive outcome after stroke. *Stroke* 47; 1: 258–261.

Bundesraat för Nedderdüütsch, »Wat hest du seggt? Plattdüütsch in'n Kinnergoorn«, https://www.niederdeutschsekretariat.de/veroeffentlichungen/

Baker, Colin (2011). Foundations of Bilingual Education and Bilingualism. 5.Ausgabe. Bristol: Multilingual Matters.

Bialystok, Ellen; Craik, Fergus I. M., & Luk, Gigi (2012). Bilingualism: consequences for mind and brain. *Trends in Cognitive Sciences* 16: 240-250.

Bonefeld, Meike, & Dickhäuser, Dirk (2018). (Biased) Grading of students' performance: Students' names, performance level, and implicit attitudes. *Frontiers of Psychology* 9: article 481.

Brehmer, Bernhard, & Mehlhorn, Grit (2018). *Herkunftssprachen*. Tübingen: Narr Francke Attempto.

Cummins, Jim (2008). BICS and CALP. Empirical and theoretical status of the distinction. In: Street, Brian V., & Hornberger, Nancy H. (Hg.), *Encyclopedia of Language and Education. Vol. 2., Literacy*. New York: Springer.

Dudenredaktion (Hg.) (2016), Duden. Die Grammatik [Band 4]. 9., vollst. überarb. u. akt. Auflage. Mannheim: Dudenverlag.

Durrell, Martin (2017). Die Rolle der deutschen Sprache in ideologischen Konstrukten der Nation. In: Davies, Winifred V.; Häcki Buhofer, Annelies; Schmidlin, Regula; Wagner, Melanie, & Wyss, Eva L. (Hg.), *Standardsprache zwischen Norm und Praxis. Theoretische Betrachtungen, empirische Studien und sprachdidaktische Ausblicke*. Tübingen: Narr Francke. S.23-39.

Europäische Kommission (2008). *Eine lohnende Herausforderung. Wie die Mehrsprachigkeit zur Konsolidierung Europas beitragen kann*. Vorschläge der von der Europäischen Kommission eingerichteten Intellektuellengruppe für den interkulturellen Dialog. Brüssel: Amt für Veröffentlichungen/EU.

Forghani-Arani, Neda; Cerna, Lucie & Bannon, Meredith (2019). The Lives of Teachers in Diverse Classrooms. *OECD Education Working Paper* 198.

Freywald, Ulrike, & Wiese, Heike (Hg.) (ersch.). *Deutsche Sprache der Gegenwart*. Stuttgart: Metzler.

García, Ofelia (2017). *Problematizing Linguistic Integration of Migrants: the Role of Translanguaging and Language Teachers*. Berlin: de Gruyter.

Genesee, Fred; Paradis, Johanne, & Crago, Martha (2004). *Dual Language Development and Disorders. A Handbook on Bilingualism and Second Language Learning*. Baltimore: Paul H. Brookes.

Glock, Sabine, & Kovacs, Carrie (2013). Education psychology: Using insights from implicit attitude measures. *Educational Psychology Review* 25:4: 503-522.

Gogolin, Ingrid (1994). *Der monolinguale Habitus der multilingualen Schule*. Münster: Waxmann.

Gogolin, Ingrid; Dirim, İnci; Klinger, Thorsten; Lange, Imke; Lengyel, Drorit; Michel, Ute; Neumann, Ursula; Reich, Hans H., & Schwippert, Knut (2011). *Förderung von Kindern und Jugendlichen mit Migrationshintergrund (FörMig). Bilanz und Perspektiven eines Modellprogramms*. Münster: Waxmann

IGLU (2016). *Lesekompetenzen von Grundschulkindern in Deutschland im internationalen Vergleich*. Münster: Waxmann 2017.

Jens, Walter (1981). *Ort der Handlung ist Deutschland. Reden in erinnerungsfeindlicher Zeit*. München: Kindler.

Keim, Inken (2007). *Die türkischen »Powergirls«. Lebenswelt und kommunikativer Stil einer türkischen Migratinnengruppe in Mannheim*. Tübingen: Narr.

Keller, Mareike (2020). *Code-switching – Unifying Contemporary and Historical Perspectives*. Palgrave MacMillan.

Küppers, Almut, & Schroeder, Christoph (2017). Warum der türkische Herkunftssprachenunterricht ein Auslaufmodell ist und warum es sinnvoll wäre, Türkisch zu einer modernen Fremdsprache auszubauen. Eine sprachenpolitische Streitschrift. *Fremdsprachen lehren und lernen* 1: 56-71.

Meisel, Jürgen M. (2004). The bilingual child. In: Bathia, Tej N., & Ritchie, William C. (Hg.), *The Handbook of Bilingualism*. Malden: Blackwell, 91-113.

Niebuhr-Siebert, Sandra, & Baake, Heike (2014). *Kinder mit Deutsch als Zweitsprache in der Schule*. Stuttgart: Kohlhammer.

Peal, Elizabeth, & Lambert, Wallace (1962). The relationship of bilingualism to intelligence. *Psychological Monographs* 76;27: 1-23.

Porsché, Donald (1983). *Die Zweisprachigkeit während des primären Spracherwerbs*. Tübingen: Narr.

Prediger, Susanne (im Druck). *Sprachbildender Mathematikunterricht in der Sekundarstufe. Ein forschungsbasiertes Praxisbuch*. Berlin: Cornelsen.

Riehl, Claudia M. (2014). *Mehrsprachigkeit. Eine Einführung*. Darmstadt: WBG.

Schulz, Petra (2013). Sprachdiagnostik bei mehrsprachigen Kindern. *Sprache, Stimme und Gehör* 37: 1-5.

Sennema, Anke (ersch.). Mehrsprachigkeit in Mikrosequenzen hochschulischer Lehre. Erscheint in: *Zeitschrift für Interkulturellen Fremdsprachenunterricht* (ZIF).

Sprietsma, Maresa (2009). Discrimination in Grading? Experimental Evidence from Primary School. *ZEW Discussion Paper* 09-074. Mannheim: Zentrum für Europäische Wirtschaftsforschung.

Stolt, Birgit (1964). *Die Sprachmischung in Luthers Tischreden. Studien zum Problem der Zweisprachigkeit*. Uppsala: Almqvist & Wiksell.

Tracy, Rosemarie (2008). *Wie Kinder Sprachen lernen. Und wie wir sie dabei unterstützen können*. Tübingen: Narr Francke Attempto.

Tracy, Rosemarie (2014). Mehrsprachigkeit. Vom Störfall zum Glücksfall. In: Krifka, Manfred; Błaszczak, Joanna; Leßmöllmann, Annette; Meinunger, André; Stiebels, Barbara; Tracy, Rosemarie, &Truckenbrodt, Hubert (Hg.), *Das mehrsprachige Klassenzimmer*. Berlin: Springer. S.13-33.

Trudgill, Peter (2016). *Dialect Matters. Respecting Vernacular Language*. Cambridge University Press.

Wiese, Heike (2012). *Kiezdeutsch. Ein neuer Dialekt entsteht*. München: Beck.

Wiese, Heike (2018.). Die Konstruktion sozialer Gruppen: Fallbeispiel Kiezdeutsch. In: Neuland, Eva, & Schlobinsky, Peter (Hg.), *Sprache in sozialen Gruppen*. Berlin: de Gruyter. S.331-351.

Wilmes, Maren; Schneider, Jens, & Crul, Maurice (2011). Sind die Kinder türkischer Einwanderer in anderen Ländern klüger als in Deutschland? – Bildungsverläufe in Deutschland und im europäischen Vergleich: Ergebnisse der TIES-Studie. In Neumann, Ursula & Schneider, Jens (Hg.). *Schule mit Migrationshintergrund*. Hrg. im Auftrag der Heinrich-Böll-Stiftung. Münster: Waxmann. S.30-46.

Die vorliegende Arbeit wurde unter anderem ermöglicht durch Förderung für die Forschergruppe »Grammatische Dynamiken im Sprachkontakt: ein komparativer Ansatz« (FOR 2537) durch die Deutsche Forschungsgemeinschaft (DFG) sowie durch weitere von DFG und BMBF geförderte Forschungsvorhaben.